中公新書 2306

JN150460

岡本亮輔著

聖地巡礼

世界遺産からアニメの舞台まで

中央公論新社刊

まえがき

聖地や巡礼という言葉を聞くと、どのような場所を思い浮かべるだろうか。

日本では、二〇一三年の式年遷宮《しきねんせんぐう》の記憶も新しい伊勢神宮《いせじんぐう》や出雲大社《いずもたいしゃ》、仏教の聖地である比叡山《ひえいざん》や高野山、あるいは初詣で多くの人が足を運ぶ明治神宮、成田山新勝寺《なりたさんしんしょうじ》、浅草寺《せんそうじ》などが挙げられるかもしれない。

また、世界文化遺産登録で話題になった富士山をはじめ、立山《たてやま》、白山《はくさん》、出羽三山《でわさんざん》といった全国各地の霊山も日本古来の聖地として広く知られている。外国では、キリスト教のエルサレムやローマ、イスラームのメッカ、ヒンドゥー教のベナレスやガンジス川、アボリジニのエアーズロックなどがイメージしやすいかもしれない。日本にも外国にも無数の聖地が存在している。

それでは聖地にいるのは誰だろうか。京都や奈良へ旅行する際、寺社を回らない人はほとんどいない。あるいは、フランスを旅する人の多くは、カトリック信仰の有無とは関係なく、パリのノートルダム寺院やサクレ・クール寺院を訪れるだろう。聖地は、信仰者だけではなく、観光客も足を踏み入れる場所なのである。

多くの人は聖地を訪れることで、その地域や社会の文化の核心に触れられるという期待を抱いているのではないか。聖地は歴史の記憶を留める場所であり、その地に暮らす人々の価値観や世界観を表現し、しばしばアイデンティティの中核となる。

人間の社会は、一〇〇年もすれば、大半の構成員が入れ替わる程度には流動的である。だからこそ、数百年あるいは千年以上に渡って受け継がれてきた場所は地域や社会のシンボルとして神聖視されるのである。

ただ、重要なのは、時に数千年前から変わらないかのような聖地でも、時代によって変化することである。世の移り変わりとともに、聖地は忘れられたり、(再)発見されたり、他の場所と結びつけられたり、新たに作られたりする。そして現代では、観光という身近な行動と結びつくことで聖地は大きく変容しつつある。

こうした問題意識から、本書では、聖地巡礼と観光をセットにして考えてゆく。とはいえ、この言葉の組み合わせは、不思議なものに思われるかもしれない。

聖地巡礼と言えば、熱心な信仰者が行う宗教実践のイメージが一般的であろう。それは、強い信念や切実な祈りに突き動かされて行う真剣な行動であり、娯楽としての観光旅行と決定的に異なっていると考えられているのではないか。そして、特に深く宗教に関わっているわけではない多くの日本人にとって、聖地巡礼は自分とは関係のない遠い世界の出来事だと感じられるかもしれない。

しかし、観光という身近な行動は、現代の聖地巡礼について考える上で重要な鍵となる。すでに述べたように、聖地には多くの観光客の姿がある。一方で熱心な信仰を持つ人や、日常生活において宗教が中心となる場面は減りつつある。

それでは、聖地と観光は学問的にどのように論じられてきたのだろうか。一言で言ってしまえば、伝統的な聖地巡礼研究では観光は無視されてきた。興味や好奇心から聖地を訪れる観光客は、神聖な空間を乱す乱入者くらいにしか見なされてこなかった。祈る巡礼者に対して、観光客は不真面目な存在として批判的に見られてきたのである。

このような「聖なる巡礼者／俗なる観光客」という二分法は大きな問題を抱えている。たとえば、ほとんどの日本人は、初詣、冠婚葬祭、旅行を除けば寺や神社にはあまり行かない。特に若い世代では、必ずしも家に仏壇や神棚があるわけではないし、朝夕それに手を合わせる人となると、ほとんどいないのではないか。そして、神社仏閣や教会を訪れる数少ない機会が観光なのではないだろうか。

それでは、こうした「不信心者」が雑誌やテレビを通じて「恋愛成就に効くパワースポット」として箱根神社のことを知り、温泉旅行の際に立ち寄ったとすると、それは宗教的な巡礼なのだろうか、それとも世俗的な観光なのだろうか。あるいは、この人は巡礼者なのだろうか、それとも観光客なのだろうか。

このように見ると、そもそも宗教／世俗、巡礼／観光という分け方が通用しなくなっていることが分かるはずである。現代では、「祈る観光客」や「遊びにきた巡礼者」とでも言うべき人々が増えている。光をあてるべきなのは、温泉旅行の一環でパワースポットとして神社を訪れるという世俗的かつ宗教的な行動の広がりなのである。

現代では、観光を通じて、宗教との接し方が多様化している。特定の教団と関わりを持たなくとも宗教に触れることができる。そして、こうした現象をとらえるためには、「信仰者の宗教的体験」と同じように「観光客の宗教的体験」にも注目しなければならないのである。

したがって、本書で扱うのは、一部の熱心な信仰者の実践ではなく、多くの人にとって身近な出来事である。世界遺産を巡る旅、寺社や教会の観光、自分探しや癒しのためのパワースポット巡り、興味本位でのオカルトスポット探訪、有名人の墓やアニメの舞台の訪問などを手がかりに考える。あるいは、故郷が世界遺産の候補になることに喜んだり動揺したりする人々、地元に新しい名所を作ろうとする人々、村に伝わる伝説で観光客を呼び込もうとする人々の語りに耳を傾ける。

各章で多くの事例に言及するが、本書の議論の基盤は近年の宗教学・宗教社会学における宗教と観光を巡る研究にある。古くから神聖視されてきた場所、近年になって再発見された聖地、アニメのようなフィクションが作り出した聖地などを取り上げるが、それらを論じる際の根本的な問題意識は通底している。宗教が自明のものでなくなった現代世界において、聖なる場所や聖なるものがどのようにして社会の中に姿をあらわすのかである。

かつては、神話や聖職者の語ることが事実として受け止められていた。だが、現代ではそうではない。多くの人にとって、宗教の語りはそのままに受け入れられない。そうした社会において、聖地という他とは区別される特別な場所がなぜ成り立つのかを考える。そして、聖地巡礼の変容は、現代において宗教のあり方の根本的な変化がもたらしたものであることを論じてみたい。

目次

聖地巡礼

序章　現代の聖地巡礼の背景

日本や西欧においては、宗教が社会に与える影響力は低下している。かつてと比べると、全面的に宗教と関わる人々は減り、寺社や教会はコミュニティの中心ではなくなっている。こうした社会では宗教はどのように位置づけられるのか。そして、個々人は宗教とどのように関わるようになるのだろうか。

本章では、世俗化と私事化《しじか》の二つの概念を通して、現代社会における宗教の位置づけについて確認する。さらに、世俗化と私事化が進展した社会の宗教を考えるためには、宗教について複眼的な見方が必要となることを論じる。

1　宗教と観光の結びつき

宗教と観光の再融合

宗教と観光の結びつきは、かつてから見られたものである。たとえば日本では、江戸時代に「おかげまいり」と呼ばれる大量巡礼現象が起きている。大規模なものとしては一六五〇、一七〇五、一七七一、一八三〇年の四回が知られ、数百万人の群衆が伊勢神宮の参拝を目指して旅したのである。そして、伊勢への旅には、十返舎一九《じっぺんしゃいっく》『東海道中膝栗毛《とうかいどうちゅうひざくりげ》』にうかがえるように、多分に観光の要素が含まれていた。

当時は幕府の政策で庶民階層の移動は厳しく制限されており、物見遊山のためだけに旅することは難しかった。そうした中で、伊勢詣りは、庶民が普段暮らしている場所を離れて旅するための絶好の口実になったのである。

こうした宗教的動機と観光への欲求の共存は、他にも古典落語の演目「大山詣り《おおやままいり》」にも見出せる。この噺《はなし》は、江戸庶民の信仰の篤かった相模の大山阿夫利《あふり》神社への巡礼を題材にしている。酒好きで喧嘩っ早い江戸っ子たちが起こす珍騒動を活写しており、神社への参詣だけでなく、旅のプロセスそのものが楽しみにされていたことがうかがえる。

しかし、だからといって、宗教的な巡礼と世俗的な観光は、現在に至るまで常に一体であり続けてきたと考えるのは短絡である。なぜなら、江戸時代には、そもそも純粋な観光旅行も、純粋な巡礼も存在していなかったからである。両者は結びついていたというよりも、区別できない未分化の状態にあった。

これに対して近代以降は、聖地巡礼と観光はひとまず別の現象として語られてきた。聖地巡礼は宗教の領域に属し、観光は世俗の領域に属すものとされてきた。信仰を持つ巡礼者は、その旅によって宗教的な体験を得る。一方、観光客は、娯楽を目的に、商品化された旅を消費すると考えられてきた。そして場合によっては、巡礼（者）と観光（客）は対立するものとしてとらえられている。

ただ、その様相は、現在また変わろうとしている。巡礼と観光が、宗教／世俗と分けて語られる状況から、さまざまな場所で巡礼と観光が結びつき、両者が変化し始めているのだ。本書が注目するのは、そうした宗教と観光の融合によって生じる社会文化的な変容である。かつて宗教と観光が未分化だったのに対して、現在起きているのは宗教と観光の融合である。そして、その融合のプロセスと意味を考えるのが本書の大きな目的である。

聖地巡礼とは何か

それでは、宗教と観光が未分化だった時代と現代では、聖地巡礼はどのように変化しているのだろうか。もっともシンプルに聖地巡礼を定義すれば、「宗教の創始者や聖人の誕生地・埋葬地のような生前関わりのあった場所、あるいは神や精霊といった存在と関わる場所への旅」だと言える。つまり、その宗教において特別な地位を与えられた場所が聖地であり、その場所への旅が巡礼という宗教的実践なのである。

日本では、弘法大師・空海が開創したとされる諸寺を巡る四国遍路（四国八十八ヶ所）や、神や先祖の霊が住むとされる各地の霊山への登拝もこの定義にあてはまる。キリスト教では、イエスの生誕地ベツレヘムや、イエスが十字架刑に処されたエルサレムがもっとも重要な聖地であることも知られている。

しかし、少し角度を変えてみると、この定義では現代の聖地巡礼をとらえきれないことが分かる。ここで想定しているのは、熱心な信仰者が聖地へ向かうケースだけなのではないだろうか。この定義では、神や仏のような超越的な存在との関わりが、その場所を聖地に変える条件とされている。要するに、聖人・神・精霊といった超越的存在と場所を結びつける物語によって聖地は成立するというのである。

一方で、日本を始め、多くの先進国社会では、宗教教団と積極的に関わる人は減少し続け

観光客で賑わう浅草寺

ている。現代社会では、宗教の影響力が低下しつつある。そうした状況において、聖地巡礼はいかにして成り立っているのだろうか。信仰のない多くの人にとっては、その場所で太古に巨人が死に、そこから世界が始まったとか、王族の先祖が天から降臨したとか、聖地に結びつけられた物語は荒唐無稽なものに思われる。つまり、聖地の物語は神話や伝説であり、それらを歴史的事実と受け止めることはできないのである。

もちろん、神話や伝説を事実として受け止めることが信仰であると言ってしまうこともできる。たとえばアメリカのキリスト教徒の一部には、ファンダメンタリスト（原理主義者）と呼ばれる人々がいる。彼らは、聖書の記述を歴史的な事実だと信じている。この世界は数千年前に神が六日間かけて創造したのであり、したがって進化論も誤っていると主張する。

ファンダメンタリストの中には、子供を一般の公教育に任せると聖書と反する誤った知識を身につけるとして、学校に行かせず、幼い頃から家庭で聖書に基づく自前の教育を施す人もいる。こうした熱心な信者にとっては、聖地は、超越的な存在や聖なるものと関わるがゆえに特別な場所であり、そこに議論の余地はない。

しかし、そうだとすると聖地は熱心な信者だけのものなのだろうか。激しい信仰をもっていなければ聖地を訪れてはならないし、また、訪れる意味もないのだろうか。そうではないだろう。すでに指摘したように、少なくとも日本や西欧においては、特別に信仰をもっていなくても聖地を訪れることは珍しくない。むしろ観光旅行の一環で神社仏閣や教会を訪れる方が一般的になりつつある。

巡礼者なのか、観光客なのか

たとえば二〇〇〇年代以降、スペイン北西部にあるカトリックの聖地サンティアゴ・デ・コンポステラまで、数百キロの巡礼路を歩く人々が増えている。詳しくは後述するが、巡礼者は交通機関の発達した現代において、あえて徒歩という不便な手段を選んでいる。聖地までの移動だけを目的とした場合、歩きでの旅は、金銭的にも時間的にも身体的にもメリットは少ない。むしろ、膨大なコストがかかる。

しかし、彼らは自らを宗教的に高めるために、あえて自身に苦行を課しているのではない。サンティアゴ巡礼者の半数以上は、特に信仰を持っているわけではないし、物心ついてから一度も教会へ行ったことがない人も珍しくない。むしろ、日本人をはじめ「非キリスト教徒の巡礼者」が多数いるくらいだ。つまり、増えているのは、「信仰なき巡礼者」なのである。そして、こうした状況はサンティアゴ巡礼にだけ見られるものではない。四国遍路やパワースポット巡りなどにも同じような傾向が見出せるのである。

巡礼者と観光客の間の垣根が曖昧《あいまい》になりつつある状況を示す例として、イタリアの社会学者L・トマシは、カトリックのワールドユースデーを取り上げている。ワールドユースデーは、一九八四年に、時の教皇ヨハネ・パウロ二世の呼びかけで始められたイベントである。数年に一度、一つの都市を選び、一週間に渡って世界中から若者が集まり交流する。

二〇世紀中盤以降、カトリック教会の若い世代への影響力は大きく低下した。だが、近年のワールドユースデーには数十万から数百万もの人々が参加する。そして、二〇〇〇年にローマで開催された大会には二五〇万人もの若者が集まったのだが、トマシは「この若者たちが観光客なのか、カトリック信者なのか、好奇心から来た者なのか、行楽客なのか、巡礼者なのかを一言で言うのは難しい」と述べている。つまり、現代の聖地巡礼を考える際に重要なのは、巡礼者とも観光客とも割り切れない人々の増加なのである。

信仰のない観光客として聖地を訪れたが、そこで何か特別な体験をする。時には、新しい価値観や世界観を獲得するようなこともある。こうした過程は、特定の教団とは関係なくても、一種の宗教的な体験であると理解することができるだろう。

このような視点から考えると、先の聖地巡礼の定義では不十分なことは明白である。巡礼者とも観光客とも言えない現代の聖地訪問者にとって、その聖地に関わったとされる聖なるものは、どのように受け止められているのだろうか。その場所に関する宗教的な説明を文字通りには受け止めない人々は、それにもかかわらず、なぜ聖地を目指すのか。

また、聖地や巡礼路が新たに作られることもある。本書で取り上げる事例には、それまで聖地として考えられてこなかった場所が、観光や地域振興との関わりの中で新たに聖地として成立するケースも含まれる。近年では、アニメや映画の舞台となった場所への訪問も聖地巡礼と呼ばれるようにもなっている。

いずれにしても、これらのケースは、「聖性を帯びた特別な場所が存在し、熱心な信者がそこを訪れる」という固定的な図式には収まらなくなっている。別の言い方をすれば、教団や教会といった組織だけを軸に宗教を考えることが限界に来ているのである。

2　宗教から解放される現代社会——世俗化のプロセス

世俗化とは何か

それでは、聖地巡礼と観光は、どのようにして結びついているのだろうか。神や精霊や天使、聖者や悪魔といった超越的存在が信じられなくなった現代社会（少なくともそうした存在を自明視する人々が少なくなった社会）において、いかにして聖地巡礼は成立しているのだろうか。この点について考えるためには、世俗化の概念について知っておくことが不可欠になる。

私たちが生きる現代社会は近代化を経て成立した。この近代化の歩みは、社会が宗教から解放される過程でもあった。簡単に言えば、このプロセスこそが世俗化である。「社会の大多数が超越的存在を信じていた状況」から「社会の大多数が超越的存在を信じなくなる状況」への移行が生じたのだ。

ここで、現代社会とかつての社会（前近代社会）のあり方を比較してみよう。前近代社会においては、宗教ははるかに大きな存在感と影響力を持っていたことが分かる。

たとえば、ヨーロッパの多くの国はキリスト教を国教としていた。そこでは、王の権力や権威も教会の承認を得ることで成立する。教育や医療も、教会学校や教会立の福祉施設が担っていた。現在でもヨーロッパの町を旅すれば、たいていその中心に教会が建てられていることが分かるだろう。一日のリズムは、教会の鐘によって管理された。毎週日曜の礼拝は単なる宗教儀礼ではなく、その参加者が教会を中心とするコミュニティの一員であることを確認する機能も持っていたのである。

日本では、江戸時代初期に、主にキリスト教の禁止を目的として寺請《てらうけ》制度が敷かれた。これは現代の檀家制度に続く日本独特の仏教制度である。事実上、仏教を国の宗教と定め、寺にコミュニティの管理を委嘱する施策であった。その下では、寺が民衆の管理監視を行い、役所や警察の機能も果たしていたのである。

宗教が支配的な社会を生きる人々は、宗教の枠組みを通じて世界を体験していた。キリスト教世界では、生誕時に受ける洗礼は人間として承認を得ることであり、教会を中心とするコミュニティへの参加儀礼でもある。死ぬ間際には、聖職者による儀式が行われなければ、天国には行けないと信じられていた。

前近代社会において、教会は文字通り社会の中心に位置し、すみずみまで影響力を及ぼしていた。もちろん、何から何まで宗教一辺倒の世界だったわけではないだろう。だが、法律は宗教的な倫理や規範の影響下にあり、宗教にとって代わる強力な世界観や価値観が他にあるわけではなかった。宗教が天蓋のように社会全体を覆っていたのである。

こうした宗教の支配や存在感が掘り崩されるのが世俗化である。イギリスの社会学者B・ウィルソンは、世俗化を「宗教的な諸制度や行為および宗教意識が、社会的意義を喪失する過程」と定義している（『宗教の社会学』）。私たちが暮らす社会を思い浮かべれば分かるように、世俗化が進んだ社会では生活のさまざまな局面で、合理的に考え、ふるまうことが求められる。結婚や葬式のような個人的に重大な出来事も、宗教的な儀礼や手続きだけでは済まされない。近代的なシステムの代表である役所で所定の手続きを行わなければ、それらが社会的に承認されることはないのである。

さらに細かい局面においても同様である。ウィルソンが挙げるのは、二台の車が交差点にさしかかった場合である。この時、青信号の方の車が、他者への思いやりから赤信号の車に道を譲るのは単なる危険行為であり、法的な処罰の対象になる。宗教が説く美徳や倫理ではなく、合理的な法律にしたがうことが求められるわけである。そして、生活の隅々まで浸透した合理性に身を委ねているうちに、生活全体が宗教と切り離されてきたのである。

進む教会離れ

世俗化は、西欧において教会離れという目に見える形であらわれている。たとえば二〇〇六年にフランスで行われた世論調査機関CSAの調査では、カトリック信者で毎週ミサに出席している人が八%、月一～二回程度出席している人が九%と、教会出席率はきわめて低い。

しかも、これらの数少ない実践者のほとんどは高齢者である。二〇代前後の若い世代においては、教会出席者は一%台と見積もられている。イギリスや北欧などでも似たような教会出席率の低下が見られ、多くの西欧諸国では、日曜礼拝に集まるのは一部の高齢者に限られているのである。

地方都市などでは、しばしば教会が売りに出される。特に天井の高さが注目され、教会がサーカスの練習場やカーペット店に転用されることも珍しくない。さらに、西欧ではキリスト教とは逆にイスラームが増加傾向にあり、教会がモスクに変わることもある。また、昼間はキリスト教の礼拝を行い、夜になるとイスラームの礼拝のためにレンタルされるケースも存在する。

とはいえ、世俗化がこのまま進めば、宗教が消滅するということではない。世俗化については、西欧とそれ以外の地域、あるいはキリスト教のような一神教とそれ以外の宗教の違いなどを巡って、現在でも多くの議論が続いている（中野毅『宗教の復権』）。たとえば神道や仏教のように、毎週定められた礼拝があるわけではない宗教に関して、いつの時点からどのように世俗化が始まったのかを指摘するのは容易ではない。ただ、少なくとも本書が念頭に置く日本や西欧は、宗教が自明視されない社会だと言える。そして、そうした社会においては、公的な場で超越的な存在や特定宗教の教典が当然のものと見なされることはないのである。

3　私的な信仰の広がり――私事化のインパクト

多様な価値観が存在する世俗化社会

宗教の存在が自明視された前近代社会では、人々は物理的にだけでなく、文化的・倫理的にも同じコミュニティに所属している感覚を持っていた。かつてのフランスのように、カトリックが国教とされ、国民のほとんどがカトリック教徒であった社会を想定してみよう。そこでは、倫理的な葛藤や問題が生じた時の判断、人間関係の築き方、社会的慣習などについて、「だいたいの人が自分と同じ基準や価値観を持っている」という漠然とした安心感が存在していたはずである。もちろん、その時代の誰もがカトリックの教義を詳細に学んでいたわけではない。だが、成長の過程で、カトリック的な価値観や慣習をほとんどの人が身につけてはいたのである。

これに対して、宗教を前提としていない世俗化社会は、支配的な価値観や文化がない社会である。最低限のルールを定める法律を除けば、ある人がどのような倫理や規範に基づいてふるまうのかが不明瞭な社会である。殺人のような行為の善悪についての議論はそれほど必要ないかもしれない。だが、たとえば尊厳死・人工妊娠中絶・同性婚・臓器移植・麻薬使用など、倫理や価値観が関わる問題について、誰がどのようなスタンスをとるのかは自明ではない。

さらに言えば、殺人が法的に罰せられることは明らかでも、倫理的にどの程度悪であるかについて、他者がどのように感じているかは不明なのである。世俗化社会では、他者が自分と同じような世界観を共有していることを確信できなくなり、共同体意識や仲間意識といった共同性が掘り崩されるのである。

公共空間から排除される宗教

世俗化によって特定の宗教が公的な地位を失い、それによって価値観や世界観は多様化する。その結果、人々の間には物理的という以外に同じコミュニティに所属する感覚を作り出すことが難しくなる。そうした社会では、宗教が社会全体の方向性を決めることはない。むしろ政治や教育といった公的な領域から徐々に排除される。それでは、宗教は社会の中でどのように位置づけられるかというと、個々人がプライベートに関わる対象になる。これが宗教の私事化と呼ばれる状況である。

宗教の私事化は、大きく分けて二つの状況を指している。一つは宗教が公的な世界の中心に位置づけられ、社会全体の世界観・価値観を支配していた前近代的な状況から、私的な領域に囲い込まれていくことを意味している。世俗化の結果、宗教が社会的に占める位置が社会から個人へとシフトするのである。

もう一つは私的な領域に囲い込まれた宗教が、元々の歴史や教義とは無関係に、個々人が特定の要素だけを選びとったり、他の宗教と組み合わせるための材料になることを指している。つまり、自己流にカスタマイズされた私的な信仰が増えていくのである。社会学者Th・ルックマンは次のようにまとめている。

宗教表象の詰合せ――文字通りルーズな聖なるコスモス――は、消費者によって、全体として内面化されることはない。そうではなくて、〝自律的〟消費者は、いろいろな宗教的主題を、提供されている詰合せから選択し、それらを、やや心もとない個人の〝究極的〟意味体系にまとめ上げる。かくして、個人の宗教意識は、もはや〝公式〟モデルの複写ないし相似形とはならない。（『見えない宗教』）

前近代においては、その社会で支配的な宗教が主張する価値観や世界観をほとんどの人が共有していた。社会全体が共有する倫理や規範が存在し、人々の考え方は、おおむねそれにしたがっていた。それに対して、特定宗教の共有がなくなった世俗化社会では、宗教は人々が個人的にふるまう上で参考にするために、その時々に任意に選んで購入する商品のようになることをルックマンは指摘している。

宗教教団は、自分たちの教義を体系的に信者に伝えようとする。教義の一部だけを信じたり、さらにはそれを他宗教の一部と融合することは基本的に認めない。ルックマンの表現を借りれば、宗教の教義や儀礼は一つの「詰合せ」としてワンセットで提示されていた。それをバラして一部だけを購入するようなことは想定されていなかった。だが現代では、個々人の需要に応じて宗教の一部が切り売りされることは珍しくなくなっている。

たとえば、元来はインドの伝統的な宗教技法であったヨガは、今では健康維持やダイエットのためにスポーツジムのプログラムとして提供されることが多い。中には本格的な教義の勉強に進む人もいるが、日本の実践者の多くは、ヨガを宗教とは無関係なものとして受容しているだろう。とりわけ、スピリチュアリティという言葉とともに、伝統的な宗教の技法や思想が流用されるようになっている。

なお、現代的な意味でのスピリチュアルやスピリチュアリティという言葉は、二〇世紀中盤以降、欧米のニューエイジャーなどが用いはじめ、一〇〇〇年代以降の日本でも用いられるようになった。日本語では霊的（性）、精神的（性）などと訳されるが、重要なのは、この言葉が用いられる時には、既存の教会や教団と関わりの薄い宗教性を指していることである。つまり、スピリチュアリティとは、私事化の結果、伝統的な宗教組織の外側で生じた私的な信仰の多様性に対応する言葉なのである（伊藤雅之『現代社会とスピリチュアリティ』、堀江宗正『スピリチュアリティのゆくえ』）。

切断される聖地と物語

現代の聖地巡礼は私事化の影響を大きく受ける領域である。伝統的に、聖地は宗教制度や教団によって管理されてきた。聖地には、そこがなぜ特別なのかを語る物語が付随している。宗教制度や教団は、どのような物語を付随させるのかを決めることで、聖地のあり方をコントロールしてきたのである。神社や寺にはそれぞれ由緒があり、どのような経緯でその場所に神仏が祀られるようになったのかが示されている。

たとえば、富士山は木花之佐久夜毘売命《このはなのさくやひめのみこと》という女神と関わる場所であり、山そのものが浅間《せんげん》神社の御神体とされている。また、真言宗総本山である高野山の奥の院には、山を開いた開祖である弘法大師・空海を祀る廟がある。真言宗では、空海は亡くなったのではなく入定《にゅうじょう》したとされ、今でも祀の中で瞑想を続けていると信じられている。そのため、現在でも毎日午前六時と一〇時半の二回、空海のための食事を廟に運ぶ生身供《しょうじんく》と呼ばれる儀式が続いている。

北海道神宮の台湾語のおみくじ

　このように、聖地は、その場を管理する宗教集団の神話や伝承と結びつくがゆえに、特別な場所であった。聖地の意味や位置づけは、宗教集団が公認した物語によって決まってきたのである。しかし、私事化が進む社会では、宗教集団が掲げる物語は、その場所にまつわる数ある物語の一つになってしまう。宗教集団に属さず、伝統的な信仰を持たない個々人が、さまざまな物語を聖地に持ち込むからである。

　先に挙げた現代のサンティアゴ巡礼に見られる信仰なき巡礼者の増加も、私事化の帰結であると言えよう。現代の巡礼者たちは、聖ヤコブに関するカトリック世界の物語を歴史的事実として受け入れているわけではない。だが、巡礼によって精神を高めたり、自己実現を果たしたいと考える人々が増えている。つまり、場所と伝統的な宗教の物語が区別してとらえられているのである。

　別の例として、本書でも詳しく取り上げるパワースポットが挙げられる。北海道札幌市に、明治期に創祀された北海道神宮がある。元々はロシアに対する北方防衛の象徴という意味合いも持った政治的聖地としての色彩を帯びた神社である（問芝志保「北海道神宮」『聖地巡礼ツーリズム』）。敷地内には、北海道発展の基礎を築いた人々を祭神とする開拓神社、鉱山業の殉職者を祀る札幌鉱霊神社、北海道拓殖銀行の物故者を祀る穂多木《ほたき》神社などがあり、同社は、北海道の歴史と地域性を強く反映した場所である。

しかし、最近では、北海道神宮は、北海道最大のパワースポットとして各種メディアで紹介されるようになった。その結果、恋愛成就や金運向上のための良いエネルギーをもらえる場所だと信じて訪れる人々が増えているのである。

さらに観光振興によって、北海道全体に台湾人やタイ人の観光客が増えたことで、同神宮は、外国人旅行者には珍しい神道の施設として観光ルートに組み込まれるようになった。タイ語で書かれた絵馬が数多く奉納され、台湾語のおみくじも用意されている。同社の歴史についてのパンフレットやお守りなどの説明も、英語・中国語・韓国語など数ヵ国語で準備されているのである。

このように、現代の訪問者たちは、神道とも北方防衛・北海道開拓の記憶とも無関係に北海道神宮を訪れる。神社側の物語とは異なる観点から同社を訪問する人々が増えたのである。パワースポットとして同神宮を訪れる人々は、雑誌やテレビで「北海道神宮に行くとパワーがもらえる」といった語りに触れる。そして、エネルギーをもらうために、境内のイチョウや杉の大木に抱きついたり手をかざす。そこでは、「気」や「不思議な力」といった別の文脈にあった概念が神道の世界と結びつけられるのである。

神社側から見れば、こうした営みは時として心配になったり、驚いたりする現象である。現代の訪問者は、テレビや雑誌を通じて雑多な宗教的情報を獲得し、その中から自分の好みのものを選んで組み合わせる。こうした傾向は、伝統的な信仰心を持つ人々からみれば奇異なものに感じられる。だが、メディアの拡充によって、意識的であれ無意識的であれ、私的な信仰は広まりつつある。従来、そうした人々は不真面目な巡礼者や観光客として重視されてこなかった。さらに言えば、聖地の空気を乱すノイズのように考えられてきたのである。

しかし、世俗化と私事化を経た現代の聖地巡礼を考えるためには、彼らの新しい実践も包み込めるような視座を作らなければならない。新しい訪問者たちの増加によって聖地のあり方は変化しているからである。さらに、伝統的な信仰を持つ人々と新しい聖地訪問者が互いに影響を与えあうような状況も見られるのである。

このような問題意識から、本書では、現代の聖地巡礼を指す際、聖地観光というニュアンスを含むものとする。宗教側の用語（聖地）と世俗側の用語（観光）をあえて組み合わせることで、聖俗の両方にまたがる現代の聖地巡礼のあり方を重視するためである。現代では、聖地巡礼は、伝統的な信仰世界と個々人が生み出す私的な信仰の緊張関係の中で、観光と融合しながら展開しているのである。

多くの教団や宗教制度が伝統的な信仰の形を守り続けようとする一方で、個々人は従来の宗教のあり方だけでは満足せず、自らの趣味嗜好に合わせて新しい宗教的イメージや実践を作り出そうとする。その結果、聖地巡礼の世界では、聖なるものが観光のコンテンツとして取り込まれたり、宗教が観光の制度やシステムを利用して新たな形に生まれ変わっているのである。

4　宗教と観光の定義

ここで、宗教の定義についても簡単に触れておきたい。宗教の定義は研究者の数と同じだけあると言われる。そのため、論者によって宗教という言葉に込めた意味が異なり、議論がかみ合わないことも多い。しかし、それでも無数にある宗教の定義も、ほとんどは大きく二つのタイプに分けられる。

実体的定義

一つは、宗教の具体的な構成要素に注目するタイプで、実体的定義と呼ばれる。たとえば、フランスの社会学者Y・ランベールは、①人間の常識を超えた力や存在、②そうした存在とコミュニケーションするための手段、③それらを支える共同体の三つを備えていることを宗教の条件であると定義する。つまり、信者の集団が宗教であるという視点である。これは一般的な宗教のイメージに近いものだと言えよう。

実体的定義は、その分かりやすさの反面、問題点も抱えている。実体的定義の観点からは、たとえば占いやヒーリングなどは宗教にはならない。こうしたものは必ずしも神や仏を想定するわけではなく、教団のような確固とした集団を形成するとも限らないからである。同じ理由から、パワースポット巡りのような私的な実践も、宗教とは別の営みとされてしまうだろう。

しかし、私事化が進む社会では、前述のスピリチュアリティのように、特定の教団とは無関係だが宗教的なものが生まれている。具体的な神仏を想定するわけではないが、大いなる力、エネルギー、パワーのような形で何か不思議なものを感じとるあり方が見受けられる。そして、現代の聖地巡礼は、そうした感性を持つ人々によって展開している。

機能的定義

こうした新しい宗教的感性や実践をとらえるためには、より柔軟な視点が必要になる。それが、宗教の機能的定義と呼ばれるタイプである。何か特定の機能を持つものを宗教と定義し、教会や教団に限らず、社会のさまざまな領域に宗教的なものを見出そうとする視座である。

どのような機能に注目するかはそれぞれであるが、広く見られるのが「意味づけ」である。たとえば、J・M・インガーは、宗教を人間が人生の「究極的諸問題〔死や人間集団の存続を脅かす挫折・苦難のこと〕と闘う」ための信念と実践の体系であると定義する（『宗教社会学I』）。

無意味な偶然に意味を与えて必然に変えることで世界のとらえ方が変化するのであり、そうした世界の解釈の枠組みの変化をもたらすのが宗教の機能だというのである。

人間は、生きていく上で、しばしば予期しない不幸や不運に見舞われる。家族を事故で突然失ったり、自らが重い病にかかることがある。客観的に見れば、そうした個人にとってきわめて重大な出来事も、偶然に起きているとしか言いようがない。科学は、それがどのような事故や病気であるかは教えてくれる。だが、なぜそのタイミングで、他人ではなく家族が事故に巻き込まれたり、自分が病気になったのかは説明してくれないのである。

しかし、そうした突発的な出来事に意味を与え、物語の中に位置づけることができれば、不幸や不運は耐えうるものになる。重い病気や近親者の死も、人生を見つめ直すために神が与えた機会だと肯定的にとらえ返せるのである。

意味づけとして宗教を機能的に定義した場合、寺社や教団といった形態にとらわれずに宗教を考えることが可能になる。人生相談や占いによって生き方を考え直したり、ヒーリングや癒しの実践によって活力を取り戻すと感じられることがあれば、それらを宗教的な側面を持つものとして論じることができる。そして、自分探しの旅やリフレッシュのための観光も、場合によっては宗教的なものとしてとらえられるのである。

本書では、実体と機能に注目する二つの定義を踏まえながら、宗教という言葉を柔軟に用いてゆく。実体的な観点ばかりでとらえると、聖地は教団が語る物語と関係づけられなければならず、熱心な信者だけにしか価値のない場所となる。だが、機能的側面にも注目すれば、聖地は、信仰を持たない人にも意味ある場所として論じられる。宗教を寺社や教団と関わるものに限定せず、個々人がさまざまな手段で宗教的なものへとアクセスしていることを念頭に置く必要がある。

観光の定義

最後に、本書のもう一つのテーマである観光の定義についても、少し触れておく。観光の定義も、研究者ごとに多様である。ここでは、観光人類学の第一人者である橋本和也の定義を参照してみたい。

橋本は、観光を「異郷において、よく知られているものを、ほんの少し、一時的な楽しみとして、売買すること」と定義する。橋本がこの定義を提出した意図は、観光という比較的新しい研究対象の輪郭を明確にすることにある。橋本は、主に一時性・娯楽・売買という三つの特徴によって観光を他の現象と区別したのである。

橋本は巡礼と観光を区別するにあたって、観光においては「まがいもの」すら対象になることを挙げている。観光客は、復元された場所や、何らかのコピーに対してもお金を払い、それによって快楽を得る。一方、宗教の巡礼には、そうした偽物は登場しないというのである。このように、橋本は、観光のあり方に対してやや批判的であるようにも見えるが、その背後には、観光の領域をできるだけ具体的に示す意図が控えているのである。

本書の基本的な視座をまとめれば、次のようになる。宗教は現代社会において、世俗化によって社会の前面から後退しつつある。それゆえ、実体だけでなく、機能にも注目する定義を併用する。できるだけ広く宗教をとらえ、世俗的な領域にも宗教的なものを見出そうとする立場をとる。

一方、観光については、橋本による狭義の定義を参照する。観光は、宗教とは逆に、現代社会において、増加し拡散している実践である。宗教が日常から消えつつあるのとは逆に、観光は、ますます身近になりつつある。そこで、定義としては、一時性・娯楽・売買によって、できるだけ狭く観光をとらえる視点を出発点としてみたい。

しかし、本書の目標は、宗教と観光を区別することではない。逆に、宗教と観光が交差することで生じる文化的な変容を論じることにある。宗教の中に観光が入り込み、観光の中に宗教が持ち込まれることで、時に両者の区別がつかなくなり、宗教とも観光とも言えないような融合現象が生じていることに注目したいのである。

各章の概要

次章以降では、具体的なケースを取り上げながら、世俗化社会における聖地巡礼と観光の融合について考えてゆく。だが、一口に両者の融合といっても、そのあり方は実に多様である。

たとえば、観光に宗教が組み込まれる場合でも、世界文化遺産のように自治体や政府が主導するものと、個人が主体となるパワースポットでは、そのあり方は大きく異なる。また、観光と結びつく宗教がどのような教義を持つかによっても、両者の融合の結果は変わってくる。こうした問題意識の下、各章では特徴的と思われる事例を取り上げる。文字通り、聖地を巡りながら、できるだけ多角的に現代社会における宗教と観光の結びつきに光をあててみたい。

第1章では、世俗化社会の聖地巡礼の特徴を大きくとらえてみたい。聖遺物や聖母出現といったカトリックの聖地に特徴的な現象を手がかりに、聖地を訪れる人々がどのような体験を求めているのかを考える。そして、現代の宗教と観光を理解するには真正性の概念が必須になることを論じる。

第2章は、サンティアゴ・デ・コンポステラ巡礼を事例として、現代社会において増加する「信仰なき巡礼者」について論じる。使徒ヤコブが祀られる大聖堂を目指すサンティアゴ巡礼は、中世以来の歴史を持つカトリック圏を代表する巡礼とされる。実際、毎年一〇万人以上が巡礼路を歩いているのだが、こうした活況は二一世紀に入ってからのことにすぎない。時に一〇〇〇キロメートル以上の道のりを徒歩で旅する巡礼者の多くは、実は、普段ほとんど教会へ行かない人々なのである。

それでは、なぜ彼らは歩き続けるのだろうか。現代のサンティアゴ巡礼者たちの語りと実践からは、信仰の代わりに人間的な交流が巡礼に必須のものとなっていることがうかがえる。

現代社会において、宗教は、時として宗教の外部にある物差しによって評価され、世俗的な領域に動員される。第3章では、そうしたケースの典型である世界文化遺産制度と宗教について考えてみたい。

世界文化遺産というラベルが貼られるかどうか、さらに、それがどこに貼られるかを巡って駆け引きが行われる。本章では、非宗教的な権威である世界文化遺産の影響力によって、宗教に新たな序列が持ち込まれたり、宗教文化が変容するケースに注目する。とりわけ、地元行政、地域住民、メディアなど、諸アクターの駆け引きの中で聖地とそのイメージが編集される過程に注目してみたい。

第4章では、青森県のキリストの墓を事例として、歴史的・学術的にはフェイクな場所が本物の聖地と見なされるようになる過程について考察する。キリストの墓は、戦前に村の外からもたらされた奇妙な伝説に基づいており、長い間、オカルトスポットやB級観光地として扱われてきた。

しかし、キリストの墓に関わる地元の人々は、墓が偽物だと知りつつも、それを自分たちの地域文化として引き受けている。本章では「聖地を支えるコミュニティ」という観点からの分析を試みる。キリストの墓は、ラディカルに聖地が作られるケースだと言える。聖地が存続するためには、客観的な知識や価値観からの評価だけでなく、その場所に関わる人々の主観的な体験や情緒が重要になることを論じる。

聖地は、メディアによる注目、口コミの拡散といった世俗からの力によって変化することがある。それと同時に、聖地を訪れる人々の要望に応えるために、聖地側が自発的に変容する場合もある。こうした例として、第5章では、二〇〇〇年代以降活発になったパワースポット・ブームについて論じてみたい。パワースポット・ブームの背景には、自分の趣味や嗜好を重視する新しい宗教的感性の台頭がある。私事化社会では、人々は既存の宗教のあり方には満足せず、自己流の信念や実践を作り出す。パワースポットはその潮流のわかりやすい例としてとらえられよう。

現代社会における宗教と観光の交差は、宗教が形を変えながら社会のさまざまな領域に浸透する状況として理解できる。終章では、これまでの議論を踏まえた上で、現代の聖地を考えるための理論的な枠組みを示してみたい。そして、アニメ聖地巡礼の先駆けである鷲宮《わしのみや》神社の事例も取り上げながら、世俗化社会においてはイベント型の聖地が増加していることを論じる。

聖地巡礼は、個々人の関心や価値観が細分化された社会において、共同性を生み出す契機となる。ある場所が聖地とされることで、そこに暮らす人々やそこを訪れる人々が場所に根差したアイデンティティや帰属感を持てるようになる。そして、このような傾向は、宗教が社会の中で占める位置が根本的に変化するプロセスの一端であることを論じてみたい。

第1章　聖なるものを求めて──巡礼者は何を見るのか

人々は、その場所に何か惹きつけられるものがあるからこそ、そこへ向かって旅をする。体験や観覧に値するものがあるからこそ、その場所は他とは区別される。本章では聖地に置かれたもの、つまり聖地のアトラクション（人々を惹きつけるもの、魅了するもの）を扱う。聖地には、特別なものが置かれている。神や聖人が身につけていた物、奇跡の物的証拠などである。信仰者は、こうした聖なる存在の痕跡を前にして祈るために聖地に向かうのである。

しかし、信仰を持たない人にとっては、これらの物はどのように位置づけられるのだろうか。聖地に置かれたアトラクションの多くは、その宗教を信じてなければ意味を持たない。極端に言えば、聖地で信者が崇拝する対象は、信仰のない人にとっては、何の価値もないガラクタかもしれないのである。

それにもかかわらず、聖地には人々が集まり続けている。彼らは聖地で何を見て、何を体験しているのだろうか。一部の信仰者だけが信じる偽物をのぞき見したくて旅しているのか。

それだけではないだろう。信仰なき訪問者も、信仰者とは別の仕方で、聖地のアトラクションに意味を見出し、自分の旅を価値あるものと感じているはずである。

以下、本章では、巡礼の対象となるアトラクションを手がかりに、信仰なき訪問者にとって、聖地巡礼がどのようにして意味あるものになるのかについて、真正性という概念を導入しながら考えてみたい。

1 聖遺物の世界

イエスの衣服、ロンギヌスの槍、聖なる階段……

聖地に置かれるアトラクションは、宗教・地域・時代などによってさまざまであり、それらを網羅的に論じることはできない。ここでは、主にヨーロッパのカトリック聖地のアトラクションを取り上げてみたい。西ヨーロッパは、社会の世俗化と宗教の私事化がもっとも端的にあらわれた地域である。こうした世俗化社会においてかつて支配的であったカトリックの聖地巡礼がどのように形作られてきたかを見てみよう。

カトリックでは、聖遺物《せいいぶつ》と呼ばれる物が置かれた場所が聖地となる。聖遺物とは、主に聖書の登場人物や聖人聖女の遺骸やその一部、あるいは彼らが生前に触れたとされる遺品のことである。

聖遺物の中でもっとも重要なのは、もちろんイエスに関わるアイテムである。イエスが処刑まで身につけていた衣服、頭に被せられた荊《いばら》の冠、十字架に打ちつけるのに使われた釘、わき腹を刺したローマ兵ロンギヌスの槍、処刑後に頭部や身体を覆った布やそれに付着した血液、そして十字架の破片などが聖遺物として世界各地の教会に保存されている。

少し変わったものでは、イタリアのローマにスカラ・サンタ（聖なる階段）礼拝堂という巡礼地がある。この礼拝堂は、イエスを逮捕し処刑を命じたローマ総督ピラトの官邸の階段を移築したとされている。処刑前のイエスがこの階段を昇り降りしたと信じられており、今でも世界中から集まった巡礼者が、膝立ちで祈りながら一段一段昇ってゆく光景を見ることができる。

イエス関連以外の聖遺物も無数に存在する。イエスの処刑を見届け、復活に立ち会ったマグダラのマリアの頭蓋骨、皇帝ネロの迫害によって逆さ十字に架けられたペトロを拘束した鎖、祝祭日にだけ液体に戻るとされる聖ジェンナーロの血塊、ナチス収容所で他の囚人の身代わりに餓死刑となったマキシミリアノ・コルベ神父（一八九四〜一九四一）の遺髪など、枚挙にいとまがない。次章で取り上げるサンティアゴ・デ・コンポステラも、十二使徒の一人である聖ヤコブの遺骸が発見され、それが聖遺物として安置されたことで聖地になった。

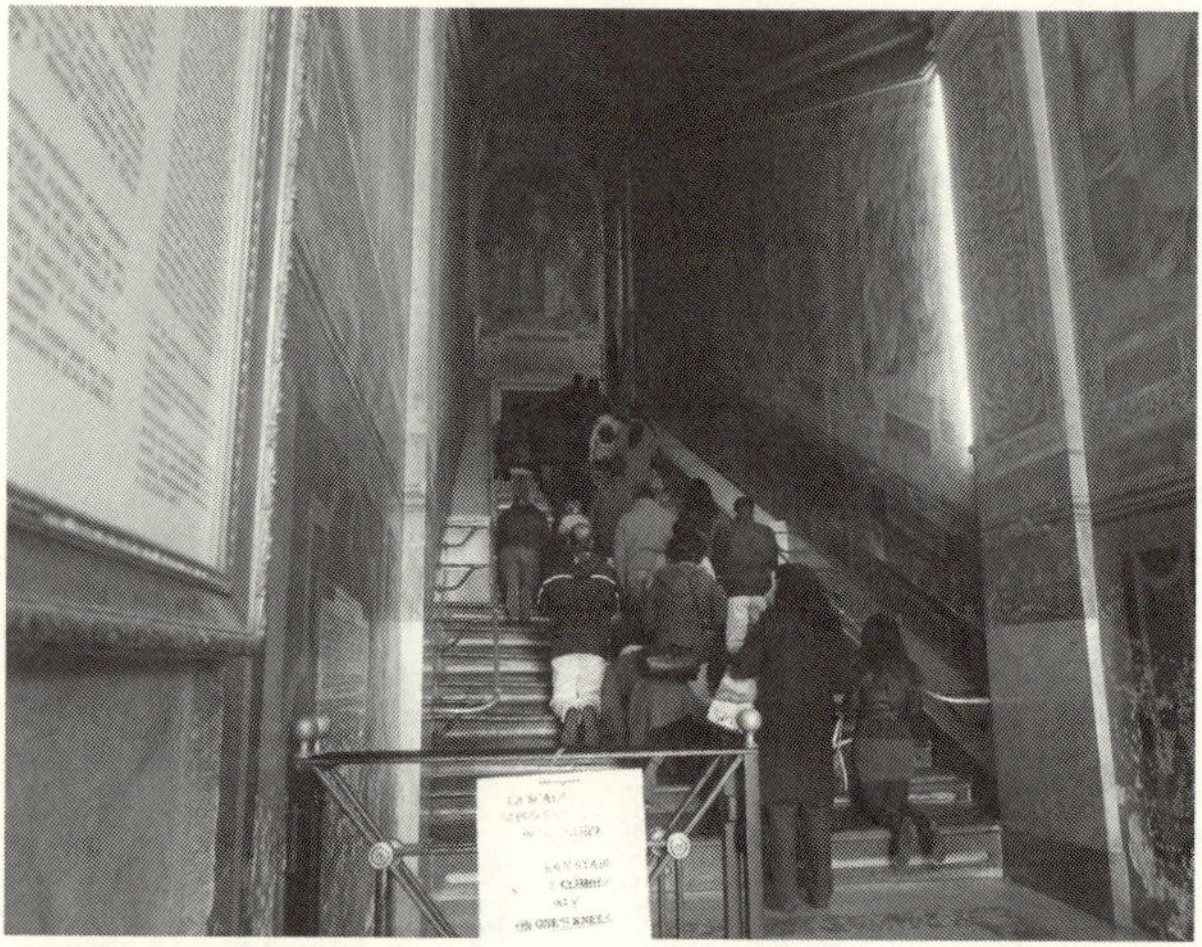
スカラ・サンタ礼拝堂

貴重な聖遺物を収めるために、専用の美しい容器も数多く作られた。ほとんどの聖遺物は物としての美しさを持たないため、容器は金銀宝飾で飾られたのである。フランスのルーブル美術館には、聖遺物の容器ばかりを集めた展示スペースもあり、聖遺物への信仰が工芸の発展にも寄与したことがうかがえる。

丹下健三の設計で知られる東京都文京区の聖マリア大聖堂（カトリック東京カテドラル関口教会）には、日本にキリスト教を伝えた聖フランシスコ・ザビエルの胸像が置かれているが、これも元々はドイツから寄贈された聖遺物を収めるための容器である。他にも、無数の聖人聖女たちの聖遺物が世界各地に残されている。聖遺物の多様性は、カトリックが持つ地域的・歴史的な広がりの大きさを物語っていると言えるだろう。

このように、カトリックの信仰世界では、聖遺物という文字通りの聖なる物、超越的存在と物理的に接触していた（とされる）物によって場所に聖性が与えられる。特に中世においては、聖人の遺体や聖遺物こそが信仰世界の中心であったという（P・ギアリ『死者と生きる中世』）。貴重な聖遺物を所有すれば各地から巡礼者が訪れ、その街と所有者の評判を高めた。聖遺物は単なる宗教的アイテムではなく、政治的・経済的な力も備えていたのである。

フランス王家やメディチ家などの権力者たちは、大金をつぎ込んで聖遺物を買い集め、それを収めるための教会や礼拝堂を建立した。パリで屈指の美しさを誇るゴシック建築サント・シャペルも、ルイ九世が収集したイエスの荊冠《けいかん》や十字架といった聖遺物を収めるために建堂されたものである。ちなみに、礼拝堂の建造費よりも、聖遺物の購入の方にはるかに大金がつぎ込まれている。ベルギーのブルージュにある聖血礼拝堂にも、その名の通り、イエスの血液を含んだ布が伝わっており、現在でも一日に何度か一般公開され、観光客も含めた多くの人々が集まる。

中世にはすでに聖遺物を取り扱う専門業者が存在していた。そして、あからさまな偽物も数多く残されている。イエスのわき腹を突いたロンギヌスの槍は数本伝わっているし、マグダラのマリアの頭蓋骨はフランス国内だけでも複数存在する。イエスを打ちつけた十字架の破片とされるものを世界中から集めれば、高層ビルが建てられるなどと冗談半分で語られることもある。

聖遺物は厳密には第一級、第二級、第三級に区別される。第一級は、イエスが直接触れた物や聖人の遺骨など身体の一部である。第二級は、聖人が生前使用したり、直接触れたものである。そして、第三級は、第一級か第二級の聖遺物に触れさせた布やメダルなどで、現在ではネットを通じて頒布されることもある。

カトリックの教義では、聖遺物そのものに何か不思議な力や奇跡を起こす力が宿っているとされるわけではない。あくまで人々を信仰に向かわせるための手段である。聖なる人々の物理的な痕跡を前にすることで、信仰に一層の深みを持たせるということだろう。

とはいえ、一般の信者にとっては、聖遺物を前に祈ることは通常の祈りよりも濃密な体験であり、奇跡や救済へ至るための近道だと感じられていた。そしてだからこそ、聖遺物は、伝統的なカトリックの信仰世界において聖地巡礼を成立させる主要なアトラクションであった。イエスや諸聖人の聖遺物は、並外れた力があると信じられていたため、はるか遠くの聖地を目指して多くの人が旅をしたのである。

ピオ神父とトリノの聖骸布

聖遺物を軸とする聖地巡礼は現代でも続いている。近年の例としては、イタリアのピオ神父（一八八七～一九六八）のケースが知られている。ピオ神父は、二〇世紀後半まで生きた人物としては例外的と言って良いほど、生前から数々の超自然現象を起こしたと語られる。難病を抱えた人を奇跡的に治癒した話や、同時刻に異なる場所で目撃されるなど多くのエピソードが残されている。ヨハネ・パウロ二世（一九二〇～二〇〇五）がまだ神学生の頃にピオ神父を訪ねた際、後に教皇になることを予言されたという話もある。また、第二次世界大戦中には、爆撃に向かう戦闘機の前に出現し、驚いたパイロットが攻撃をやめて引き返したという話もあるくらいだ。

ピオ神父

ピオ神父の奇跡の中でも広く知られているのが聖痕（スティグマ）である。聖痕とは、イエスが十字架刑に処された際に釘を打たれたとされる手の平や足先などに傷痕が表れ、時に出血することである。ピオ神父の場合、二〇代後半以降、およそ五〇年に渡って両手から出血し続けたとされる。ピオ神父はその痛みに苦しんだが、その血からは香水のような香りがしていたという。

カトリックでは、聖人に認定されるのは容易ではない。殉教者を除いては、その人物にまつわる科学的に説明できない奇跡が必要とされ、その調査が徹底的に行われる。死後、数百年経ってから聖人に認定されることも珍しくない。だが、ピオ神父の場合、二〇〇二年にヨハネ・パウロ二世によって、異例の早さで聖人とされている。二〇〇八年に遺体が掘り起こされて一般公開されると、数十万人の巡礼者がつめかけた。そして、神父の遺骸が置かれるピオ神父巡礼教会は、現在、南イタリア有数の巡礼地となっているのである。

聖遺物を巡る近年の動向としてはトリノの聖骸布《せいがいふ》も興味深い。聖骸布とは、十字架から降ろされたイエスの遺骸を包んだとされる布である。他の聖遺物と同じように、聖骸布もいくつも存在しているが、中でも男性の全身像が写真のネガのように転写されたイタリアのトリノの聖ヨハネ大聖堂に伝わるものが広く知られている。

トリノの聖骸布は、二〇世紀に入ってから何度か科学的調査にかけられた。結果にばらつきはあるが、いずれにせよイエスの時代よりもはるかに後に作られたと推定されている。だが興味深いことに、聖骸布が中世以降の贋作《がんさく》ならば、写真の発明以前に誰がここまで高度な技術を要する聖骸布を作れたのかという新たな議論が巻き起こったのだ。そして一部の論者は、聖骸布はレオナルド・ダ・ヴィンチの作品の一つだったのではないかと推理している（L・ピクネット&C・プリンス『トリノ聖骸布の謎』）。

聖骸布を巡っては、今でも議論が続けられている。カトリック教会も聖骸布の真偽には言及せず、聖遺物は信仰へ導くための手段として有用だという立場を貫いている。そして、二〇一〇年、一〇年ぶりに聖骸布が一般公開された時には、数週間で二〇〇万人近い巡礼者があり、当時の教皇ベネディクト一六世も訪れている。

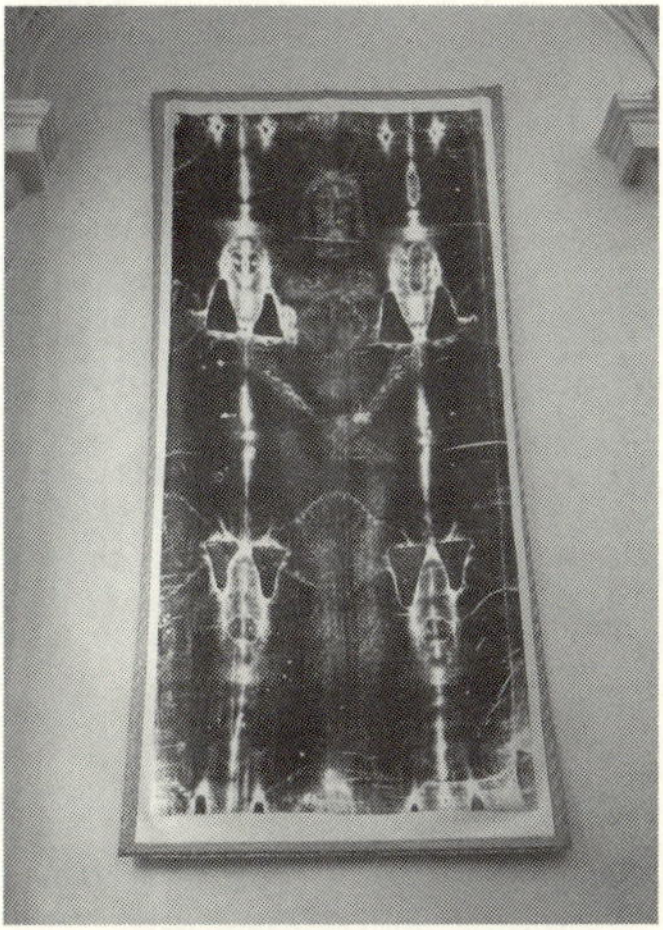
トリノの聖骸布

二〇一三年にはイタリアのテレビで聖骸布の映像が公開され、それに合わせてスマートフォンやタブレット用の「Shroud 2.0」というアプリもリリースされている。これは聖骸布を高精細画像で詳細に鑑賞できるもので、その人気の高さがうかがえる。聖遺物とは、具体的な物品を通じて聖書の登場人物やその後の聖人たちをできるだけ身近に感じたいという民衆的欲求に応えるものだと言える。

2　聖母の出現

民衆から崇敬されるマリア

長らくカトリックの聖地の中心には聖遺物が置かれており、巡礼とはそれを前にして祈るための旅であった。こうした風景を大きく変えたのが、聖母出現と呼ばれる一連の奇跡である。

聖母とは、もちろんイエスの母親であるマリアを指す。カトリックでは聖母の位置づけについて長い論争が行われてきたが、一般の信者においては現在に至るまで、ある種の女神として崇敬を集め続けている。たとえばフランスの場合、教会の中にイエスよりもはるかに大きな聖母像が置かれていることは珍しくない。また、イタリアで聖人の人気投票を行ったところ、マリアがイエスよりも上位だったという話もある。

聖母は、特に民衆に人気のある存在であり、中世から各地でその出現が記録されてきた。教会や修道院をはじめ、夢の中、個人の家、高い山の上、村の広場など、ありとあらゆる場所に聖母が現れ、癒しやメッセージを与えたと伝えられている。現代では、典型的な超常現象として分類されるものだが、西欧において近代社会が確立され始めた一九世紀後半以降、聖母出現はフランスを中心に以前にも増して頻発したのである。

奇跡のメダル教会の聖母出現

近現代の一連の聖母出現の先駆となったのが、フランスのパリにある奇跡のメダル教会(以下、メダル教会)の聖母出現である。

メダル教会はパリ市七区、セーヌ河左岸のバック通りに位置する。教会と呼ばれているが、正確には女子修道院内の礼拝堂である。教会のすぐ横は、世界最初のデパートと言われるボン・マルシェである。一般的な聖地のイメージとはかけ離れた、パリでも有数のショッピング街において、近代最初の聖母出現は生じた。

聖母からメッセージを受け取ったのは、見習い修道女カトリーヌ・ラブレ(一八〇六～七六)であった。ラブレは、修道院に入った直後から修道会の設立者である聖ヴァンサン・ド・ポールの心臓、王の姿のキリストといったさまざまなビジョンを見たとされる。そして、肝心の聖母出現は一八三〇年一一月二七日夕刻に発生する。

礼拝堂で祈っていたラブレは、地球の上で蛇を踏みつけ両手から光を発する聖母を幻視し、「この光は私が人間に対して注ぐ恵みの象徴である」という声を聞く。それから、聖母を囲むように「原罪なくして宿り給いしマリア、御身に依り奉る我等のために祈り給え」という

奇跡のメダル教会

金色の文字が浮かび上がった。

しばらくすると聖母のビジョンは反転し、十二の星が囲む中で上部には十字架と組み合わさったMの文字、下部には二つの心臓が出現した。そして、「このモデルにしたがってメダルを作りなさい。それを身につけ、この短い祈りを行う者は聖母の特別な保護を受けるだろう」という声をラブレは聞いたのであった。

この後、一八三二年、ラブレが見たイメージを元に二〇〇〇枚の「奇跡のメダル」が鋳造された。メダルを身につけていたことによる事故や災いからの庇護《ひご》、当時流行していたペストをはじめとする病気治癒、非キリスト者の劇的な回心などが相次いで報告され、メダルは当時の教皇の元にも届けられた。一八三九年には一〇〇〇万枚以上、ラブレが亡くなった一八七六年には一〇億枚以上が世界中で普及していたとされる。

「アウシュビッツの聖者」として知られるコルベ神父は、日本でも布教活動を行った人物で、熱心なマリア崇敬者でもあった。コルベ神父は一九一七年に聖母にすべてを捧げて働くことを誓った聖母の騎士信心会を創設しているが、同会では奇跡のメダルは布教の弾丸として位置づけられ、メンバーはメダルを身につけているとされる。

メダルという一種のメディアの世界的な拡散によって、バック通りの聖母出現は広く知られるようになった。その結果、本来は女子修道院内の閉ざされた礼拝堂への一般の人々による巡礼が許可され、現在に至るまで多くの人々を集め続けている。筆者がメダル教会から入手した統計によれば、毎月二〇万人強、年間では二五〇〜三〇〇万人ほどの巡礼者がいると推定される。

近現代の聖母出現

メダル教会での出来事を皮切りに、ヨーロッパを中心に、世界各地で多くの聖母出現が記録され、それぞれが巡礼地となっている。メダル教会以降の主な出現としては、次のようなものがある。

ラ・サレット（フランス、一八四六年）

標高一八〇〇メートルの山上で、牧童の一五歳と一一歳の少年少女が、岩に腰かけて泣く聖母を見かける。聖母に招かれて近づくと、飢饉《ききん》と戦争についての警告を与えられた。

ルルド（フランス、一八五八年）

薪拾いをしていた少女ベルナデット・スビルーが、洞窟の中に聖母を見る。聖母のメッセージ通りに洞窟の下から泉が湧き出し、その水には奇跡的な治癒力があるとされる。このルルドの泉を求めて毎年多くの傷病者が巡礼に訪れており、ルルドは現在カトリック世界最大の巡礼地の一つになっている。

ポンマン（フランス、一八七一年）

納屋仕事をしていた数人の子供たちが、村の一軒の家の上に浮かぶ聖母を目撃する。騒ぎを聞きつけて人が集まるが、大人たちには聖母の姿は見えなかった。聖母は空中に文字を浮かべて、間もなく戦争が終結して村から徴兵された若者たちが戻ってくるというメッセージを伝えたとされる。

ノック（アイルランド、一八七九年）

教区教会に聖母が両脇に聖ヨセフと聖ヨハネをともなって出現した。一五名もの人々が目撃しており、目撃者が五歳児から七〇歳以上の老人まで、幅広い世代の老若男女であるのも特徴である。ノックはアイルランドでも最大級の聖地となり、教皇ヨハネ・パウロ二世やマザー・テレサも巡礼に訪れている。

ファティマ（ポルトガル、一九一七年）

村の三人の少年少女たちが何度か聖母と出会い、メッセージを託される。その内容は第一次世界大戦の終結など三つに分けられるが、特に三つ目は一九六〇年まで秘密にするように聖母から言われたとされる。これはファティマ第三の予言として知られ、オカルト的想像力とも結びつき、世界の終末を予言したのではないかなどと語られた。

これら以外にも、聖母出現は無数に報告されている。エジプトのカイロでは教会の上に光り輝く聖母が現れたとされ、その写真や動画とされるものがネット上にアップされている。ボスニア・ヘルツェゴビナのメジュゴリエでは、一九八一年から継続的に聖母が現れているとされる。最初に聖母を幻視した子供たちが成長した今でもメッセージを受け取っているとされ、ウェブサイトでその内容が毎月公開されている。

出現とはやや異なるが、日本にも「秋田の聖母」と呼ばれる出来事がある。秋田市の修道院に置かれた木製のマリア像が涙を流したというものである。そして、それを見た修道女の手には聖痕があらわれ、メッセージも与えられたと伝えられている。

聖母出現の二面性

聖地のアトラクションとして、聖母出現を聖遺物と対比すると大きな違いがある。具体的な物である聖遺物と異なり、聖母出現は、多くの場合、非物質的な現象である。聖母出現には、世代を超えて伝えられるような具体的な物は不要である。そのため、聖母出現は、いかなる場所でも起こりうる現象であり、無数の聖地を生み出す可能性を持っている。多くの場合は一〇代の若者やさらに年端のいかない子供たちが聖母を見たと語り、それが社会的な承認を得れば聖母出現は成立するのである（関一敏『聖母の出現』）。静的で具体的な物である聖遺物に比べると、聖母出現は、より動的な巡礼のアトラクションだと言える。そしてそれゆえ、教会当局にとっては諸刃の剣となる。

聖母出現というインパクトのある奇跡によって、世俗化社会で多くの巡礼者を集めることは教会にとって好ましいことである。たとえばルルドには年間五〇〇万人を超える訪問者がいる。前述のように、ルルドの水には奇跡の治癒力があるとされるため、多くの傷病者が訪れる。また、彼らの巡礼を手伝うためのボランティアたちも数多く集まっている（寺戸淳子『ルルド傷病者巡礼の世界』）。

ルルドのボランティアには信仰を持たない人も多いが、傷病者のケアを通じて自分自身の生き方を見直したり、新しい物の見方を獲得するといったことが生じる。フランスは特に厳格な政教分離を敷く国であるが、修学旅行の一環としてルルドでボランティアをする学校もある。こうした現象は、ルルドという聖地を通じて、カトリックが世俗化社会の中に新しい

ルルドの洞窟

居場所を見つけつつあると理解できる。
　他方で、聖母出現が持つどこにでも聖地を作りうる力は、教会当局にとって危険な要素でもある。世界に一〇億人以上の信者を持つカトリックであるが、その中心はバチカン市国のローマ教皇である。そして、神の代理人である教皇を頂点とする官僚組織が世界中の信者を統治する。
　しかし、どこにでも出現可能な聖母は、こうした教会の権威構造を脅かしかねない。たとえば、出現した聖母が現在のカトリック教会のあり方を批判したり、紛争や政治問題に介入するようなメッセージを発することも生じうる。教会にとっては、このような危険性をはらんでいるため、聖母出現が公認されることはほとんどないのである。

3 聖なるものと真正性

本物らしさとは何か

聖遺物と聖母出現という二つのタイプの巡礼のアトラクションについて見てきた。この二つがあらゆるタイプを代表するわけではないが、さまざまな聖地巡礼のアトラクションを考える時の補助線になる。

たとえば仏教では、仏舎利《ぶっしゃり》と呼ばれるものが各地の寺に保存され、信仰の対象となっている。仏舎利は釈迦の遺骨とされるもので、カトリックの聖遺物とほとんど同じタイプのアトラクションである。また、序章では高野山の生身供を紹介した。これは聖なる物ではなく、臨場感を持った超越的存在としての空海が場所の聖性を担っている点で、聖母出現と比較しながら理解することができるだろう。

さて、本書にとって重要なのは、聖遺物や聖母出現といった聖地巡礼のアトラクションが世俗化社会でどのように受け止められるのかという点である。信仰を持たない人々が聖地を訪れるにあたって、これらのアトラクションはどのような意味を持つのだろうか。

特別なものがあるからこそ、人々は聖地に向かうはずである。どこにでもあるような物のためには、誰もわざわざそこへ足を運ばないだろう。しかし、信仰のない人にとっては、イエスの荊冠やロンギヌスの槍がいくつもあることは、それが偽物であることの証拠に他ならない。他の聖遺物のほとんども、科学的に見れば不可解な存在である。聖母出現も同様に、カトリック信仰があるからこそ受け入れられる現象である。

このように、信仰のない人々にとっては、聖遺物や聖母出現は宗教が生み出したフィクションである。それにもかかわらず、彼らは聖地に観光に訪れるわけであるが、偽物と割り切って見ているのだろうか。おそらく、それだけではないだろう。信仰とは別の仕方で、何らかの価値が見出されているはずである。

こうした問題を考えるために、「真正性（オーセンティシティ：authenticity）」という概念を導入してみたい。なじみのない言葉であろうが、要するに、「本物らしさ」「本当っぽさ」のことである。真正性の観点からは、信仰のない人々が聖地を訪れる際の体験について、多くの洞察を得ることができる。

首里城は本物なのか

まず、一般的な観光のアトラクションについて考えてみよう。たとえば、沖縄に旅した人の多くは首里城を訪れる。ここは歴代の琉球国王たちが暮らした場所である。城内には御嶽《うたき》と呼ばれる聖域も存在していた。御嶽は琉球の信仰で神が宿る場所とされ、沖縄の宗教文化のシンボルとも言える。それでは、現在私たちが目にする首里城は、琉球王たちが暮らした当時のままの首里城かと言えば、そうではない。首里城は二度にわたって大きく破壊されている。

一度目は、一八七九年の琉球処分にともなう破壊である。琉球は、近代国家としてスタートを切った日本に沖縄県として編入される。この時、明治政府によって送り込まれた軍隊が首里城を包囲し、最終的に琉球王は追放されてしまう。そして、首里城には軍がそのまま駐留したのである。

琉球王朝時代の首里城は、政治と軍事の司令塔であるだけではなく、城内に聖域を配置した宗教的中心としての性格と機能も備えていた。だが、明治政府の軍隊は、首里城を軍の駐屯所として使用するために改造してしまう。軍隊が引き揚げた後も学校として転用され、その際にも、窓が作られたり壁が壊されるなど多くの改造が行われたのである。

その後、大正末期から建築家の伊東忠太（一八六七〜一九五四）らの尽力によって首里城の修繕が行われ、正殿が国宝に指定される。文化財としての価値が再確認されたのである。しかし、太平洋戦争によって、二度目の徹底的な破壊が行われる。

戦争末期、米軍の上陸に備えるため、沖縄には第三二軍が配備された。その際、司令部が置かれたのが首里城の下に掘られた地下壕であった。そしてその結果、米軍の攻撃によって、首里城は完全に姿を消してしまうのである。

戦後、首里城の跡地は、琉球大学のキャンパスとしてしばらく用いられた。大学が移転し、沖縄が日本に復帰した後の一九八〇年代、国と県によって首里城復興プロジェクトが本格的に始動する。その時点で、かつての首里城の様子や装飾に用いられた技術のほとんどが失われてしまっていた。しかし、プロジェクトが目指したのは、米軍ではなく、明治政府の軍隊による破壊前の琉球王朝時代の首里城の復元であった。そして、多くの歴史家や技術者による綿密な研究を踏まえて、現在のような形で城は復元されたのである。

つまり、私たちが目にする首里城は、古くから何の改変も加えられていない「ありのままの首里城」ではない。二〇〇〇年に「琉球王国のグスク及び関連遺産群」がユネスコの世界文化遺産に指定された時には、首里城は復元されたものであるため、登録の対象とはならなかった。厳密には「首里城跡」という遺跡が登録されたのであり、建造物は外されているのである。

しかし、このような来歴を持つ現在の首里城について、それを偽物だと言うことには大きな違和感がともなうだろう。資料的には、せめて白黒写真が残されている米軍の破壊前の姿に戻すことの方が容易だったはずである。だが、プロジェクトでは、戦争によってほとんどが失われていたにもかかわらず、どのような建材や瓦が使われていたのかが細かく検証された。現在目にできる印象的な赤色も、白黒写真しか残されていない中で、どのような赤だったのかが徹底的に調査された上で復元された。つまり、学術的には、ほぼ完璧に琉球王朝時代の首里城が再現されているのである。

こうした復元プロジェクトの背後には、首里城という場所を再構築し、再提示するかという意図が控えている。復元された首里城が沖縄という地域と文化のシンボルになるためには、政治・宗教・軍事のセンターであった琉球王朝時代の城を復活させなければならなかったのではないか。その当時の首里城を復元してこそ、現在の沖縄のシンボルにもなり、また県外からの人々を惹きつけるものになると考えられたのである。

復元される天守

別の例を挙げてみよう。日本で愛好家の多い歴史観光の一つに城巡りがある。とりわけ美しい天守を備えた城は日本文化のシンボルとして語られ、各地で格好の観光のアトラクションとなっている。特に外国からの観光客には高い人気を誇っている。

しかし、天守が厳密な意味で創建時のままに保存されてきた城はほとんどない。姫路城や彦根城など、現存天守と呼ばれるものは一二の城に残されているが、それらにしても修復や再建改築を経たものが多い。それ以外のものは復元天守、復興天守と呼ばれるもので、コンクリート製だったり、そもそも十分な史料がないため推定によって作られたものもある。黒塗りの城壁が印象的な熊本城も、西南戦争以降、天守や本丸御殿も含め、そのほとんどが失われてしまっているのである。

それでは、多くの城巡りは偽物の観光であり、そこからは本物の体験を得られないのかと言えば、そうではないだろう。復元されたものであっても、それは日本の文化に接する機会になるはずである。また、復元された天守を備えた美しい城は、近くに住む人々にとっては地域のシンボルになるはずである。

首里城とはまた異なる事例として、名古屋城の復元に関する動向も挙げておく。名古屋城は戦国時代を中心に日本史の重要な局面の舞台となった城であり、「尾張名古屋は城でもつ」という唄の通り、地域のシンボルとされる城である。しかし、名古屋城も、やはり太平洋戦争時に、天守や本丸御殿も含めたほとんどを米軍の空襲によって焼かれてしまった。現在の城は、一九五九年に鉄骨鉄筋コンクリート製で再建されたものである。

それに対して二〇〇九年頃から、耐震補強を機会に、市長の主導で城を木造で建て直す運動が進められている。その意図は、木造復元によって古い姿に戻すことで、さらに多くの観光客を集めようとするものである。興味深いのは、その復元事業の一環として行われた名古屋市民への復元方法についてのアンケートである。アンケートでは、現状のコンクリート製の天守を補強改修するか、現在の天守を解体した後に木造復元するかが問われたが、七割以上の市民はコンクリート製天守の補強改修を望んだのである。

復元のための費用など複数の要因が絡み合うため、この調査結果は、さまざまに読み解くことができる。しかし、地域のシンボルの城だからといって、必ずしも歴史的に古い時代に戻すことが支持されるわけではない。名古屋城の場合は、戦後のコンクリート製の天守の方が保つべき姿として支持されたのである。

作られる聖地——本物であることの多様性

首里城や各地の天守の事例は、観光地のアトラクション一つをとっても、本物と偽物の境界がきわめて曖昧なことを示している。学術的・歴史的な観点から、あるアトラクションが物質的に本物か偽物かを判定することは容易である。しかし、物質的に偽物であったとしても、提示する側も受容する側も、それを偽物だと感じるわけではない。

首里城の復元に見られるように、重要なのは、アトラクションを提示する側がどのような意図を持っており、また、それを見た訪問者がどのような体験をし、どこに価値を見出しているかである。つまり、アトラクションがどのように編集・再構成され、それがいかに受容されているのかを読み解く必要があると言える。

そして、この観点からは、宗教の巡礼における真正性の特徴も垣間見えてくる。信仰を持つ人々にとっては、聖遺物や聖母出現はフィクションではなく、カトリック教会という自分たちが信じる権威が認めた本物である。信仰者にとって聖地に置かれたものは、考古学や歴史学によってではなく、教会制度を通じて本物になるのである。

一方、聖遺物や聖母出現は、真偽の判定が難しい事物や出来事である。科学的には、ほとんどが偽物であると突き放すこともできるだろう。それでは、信仰を持たない人々にとっては、聖地の何がアトラクションになっているのだろうか。彼らは聖遺物を聖なる物とは受け止めない。聖母出現の奇跡を事実としては考えない。いったい彼らは何に惹かれて聖地を訪れるのだろうか。

宗教と観光の研究の第一人者である宗教学者の山中弘は次のように述べている。

ツーリズムとは、ある場所やそこにある様々な事柄が、訪れるに値するものとして表象され、その表象に基づいて、その地域外に居住する人々が、自らの多様な欲求を充足するために、そこへと旅する消費行動である。その際、その表象は「他」性や「異」性に深く関わることが多い。(「『宗教とツーリズム』事始め」)

ここで山中は、アトラクションが訪問者のために作り直されることに注目している。聖地や観光地に人々が向かうのは、他にはない何かがあるからである。しかし、その唯一無二性や珍しさ、山中の言葉では「他」性や「異」性はいつでも同じように存在するわけではない。訪問者の欲求に合わせて、改変されたり演出されたりする。アトラクションは、訪問者の見たいという欲求を刺激するように編集されるのである。

そして、宗教的な権威によって本物だとされてきた聖地のアトラクションも、信仰のない訪問者が増えた世俗化社会においては作り直されつつある。前述のトリノの聖骸布については、近年、ダ・ヴィンチの作品ではないかという説があることを紹介した。こうしたプロセスも、世俗化社会では本物と見なされない聖骸布を、歴史上の大芸術家の作品として提示し直すことで、あらためて見るに値するものとして演出する動きとしても理解できるだろう。

次章以降で詳しく取り上げるが、信仰のない訪問者たちも、それぞれの仕方で聖地に意味を見出し、そこから本物の体験を引き出している。宗教が従来その場所について語ってきた物語を信じていなくても、自分なりに新たな物語を読み込むことがある。宗教の私事化によって、聖地のあり方は大きく変わりつつある。

世俗化社会においては、聖地のアトラクションを歴史的・学術的に本物か偽物かの二者択一で考えるのは短絡的だと言わざるをえない。アトラクションは、それが「見るに値するもの」となるように作り直される。そして、そうした意図的に演出されたアトラクションから訪問者たちは意味や体験を引き出しているのである。

第2章　ゴールからプロセスへ——信仰なき巡礼者は歩み続ける

サンティアゴ・デ・コンポステラ巡礼（以下、サンティアゴ巡礼）は中世に始まった聖遺物を目指す巡礼である。二一世紀に入ってから急速に巡礼者数を伸ばしており、現在、世界的に見てもっとも活気のある聖地巡礼の一つである。

興味深いことに、サンティアゴ巡礼者の多くは、普段は教会へ行かない人々や非キリスト教圏の人々である。彼らは大聖堂に祀られる聖ヤコブへの信仰を持たない巡礼者なのである。

それでは、なぜ巡礼路を歩くのだろうか。ただ、ひたすらに西へと向かう旅に、どのような意味や真正性が見出されているのだろうか。現代のサンティアゴ巡礼は、世俗化社会の聖地巡礼について考える上で格好の事例である。

1 サンティアゴ巡礼の概要

サンティアゴ巡礼の歴史

イエスの十二使徒の一人であった聖ヤコブは、西暦四四年頃、エルサレムで殉教したとされる。言い伝えでは、二人の弟子がヤコブの遺骸を追手から守るために石の舟に乗せて旅し、最終的にスペインに上陸して埋葬したとされる。

こうして遠く離れたイベリア半島にやって来たヤコブの遺骸とされるものが発見されるのは九世紀である。八一三年、修道士ペラージョと司祭テオドミロが光に導かれてヤコブの遺骸を発見し、最初の小さな教会が建設されたという。九五〇年、フランスのル・ピュイ司教ゴデスカルクが、記録に残る最初の巡礼を行っている。

その後、キリスト教国がイベリア半島をイスラーム勢力から取り戻す国土回復運動（レコンキスタ）の中で、一つの伝説が広まる。イスラーム勢力に苦戦を強いられていたキリスト教側の軍隊に、白馬に乗った騎士姿の聖ヤコブが加勢し、勝利に導いたというものである。

このサンティアゴ・マタモーロス（ムーア人殺しの聖ヤコブ）伝説によって、ヤコブ人気は大いに高まったという。そのため、聖ヤコブの絵や彫像としては、一般的な聖人のイメージとはやや異なり、剣を持って戦う様子を描いたものが数多く残されている。

一一～一二世紀には、セルジューク朝トルコやゲルマン人との争いでエルサレムやローマへの巡礼が危険になると、代わりにサンティアゴ巡礼が盛んになった。一三～一四世紀にはベネディクト会、クリュニー会といった修道会や騎士団が巡礼路や沿道施設を整備するようになり、最盛期には年間五〇万人の巡礼者があったとされる（サンティアゴ巡礼の詳しい歴史については、関哲行『スペイン巡礼史』を参照）。

サンティアゴ大聖堂

こうした歴史から、サンティアゴ巡礼は、しばしば中世以来続く伝統的な聖地巡礼として語られる。しかし実際には、一四世紀にはペストの流行や百年戦争によって巡礼者が激減している。さらに一六世紀、スペインとイギリスが対立した結果、サンティアゴが位置するガリシア地方沿岸部が英軍によって襲われるようになると、その被害から守るためにヤコブの遺骸は隠され、そのまま行方不明に

ヤコブの聖遺物を前に祈る巡礼者

なってしまうのである。

一一二二年に教皇カリストゥス二世によって、七月二五日が聖ヤコブの日とされ、その日が日曜日にあたる年はヤコブの聖年と定められた。だが一九世紀半ばには、聖ヤコブの日でも数十人程度の巡礼者しか集まらなくなっていたと言われる。

ヤコブの遺骸がようやく再発見されるのは一八七九年のことである。サンティアゴ大司教の主導で行われた遺骸探索プロジェクトによって、祭壇の天井裏から骨壺が発見され、一八八四年に教皇レオ一三世によってヤコブの聖遺物と認定された。その後、一九八二年の聖年にヨハネ＝パウロ二世の訪問などもあったが、それでも一九八六年の巡礼者数は二五〇〇人にも届いていない。

二〇世紀末からの再興隆――書籍と映画の影響

サンティアゴへの巡礼者数が目立って増加するのは一九九〇年代半ば以降である。一九八七年、ブラジルの小説家パウロ・コエーリョが、自らの巡礼体験を下敷きにした小説『星の巡礼』を発表する。同書は、その後書かれたコエーリョ作品のベストセラー入りを受けて、各国語に訳されて世界中で読まれるようになった。二〇〇〇年には、ハリウッド女優シャーリー・マクレーンが『カミーノ——魂の旅路』を出版している。

重要なのは、コエーリョとマクレーンの著作のどちらも、カトリック信仰の観点から書かれていない点にある。『星の巡礼』は、秘密結社に所属する主人公の物語である。主人公は結社内での昇進試験に失敗してしまう。その追試としてサンティアゴ巡礼に旅立ち、本来手に入るはずだった剣を探し求める。道中では色々な実習が課され、それをクリアしながら結社内での昇進のために巡礼を行うのである。

『カミーノ』も、マクレーンの巡礼体験に即して書かれているが、その記述には、二〇世紀以降に生じた新たな宗教意識の影響が見てとれる。マクレーンは一九八三年に『アウト・オン・ア・リム』を出版し、ニューエイジや精神世界と呼ばれる新しい宗教文化を世界的に広めた人物の一人である。彼女は、東洋的な輪廻転生に傾倒し、自分の前世は一休宗純の伴侶《はんりょ》だったと信じている。したがって、マクレーンの巡礼記では、巡礼の過程での前世の追体験や守護霊との出会いといった神秘的な出来事が次々と語られるのである。

映画作品では、『サン・ジャックへの道』（フランス、二〇〇五年）と、『星の旅人たち』（アメリカ＝スペイン合作、二〇一〇年）が広く知られている。

『サン・ジャックへの道』は、原題が『サンティアゴ…メッカ』であることが示唆しているように、カトリック信仰を持たないグループの巡礼行を描いたものである。仕事にしか興味のない会社経営者の兄、宗教を毛嫌いする国語教師の妹、失業者でアルコール中毒の弟の三兄弟が、母親の遺産を相続する条件として仕方なく巡礼に出ることになる。

一緒に巡礼をする他のメンバーも、卒業旅行として山歩きのつもりで来た女子高生や、彼女たちを目当てに参加したムスリムの男子高校生などである。フランス社会では、国語教師は反カトリックのシンボルであり、イスラームについても公立学校でのスカーフ着用を巡る論争の記憶もまだ新しい。そういった点で、この作品は現代フランスにおけるカトリックの影響力の低下を踏まえながら、社会のどこに宗教が残存する余地や意味があるのかを根本的に問い直すものだと言える。

『星の旅人たち』は、名優マーティン・シーンが演じるアメリカ人の初老男性の巡礼を描いた作品である。この作品でも、主人公は進んで巡礼を行うわけではない。彼の息子が父親に反発して大学院を中退し、自分探しのためにサンティアゴ巡礼に出るのだが、巡礼を始めてすぐにピレネー山中で遭難して亡くなってしまう。当初はその意思はなかったのだが、主人

年間巡礼者数の推移（1987〜2013年）
（サンティアゴ巡礼事務所の資料を元に筆者作成）

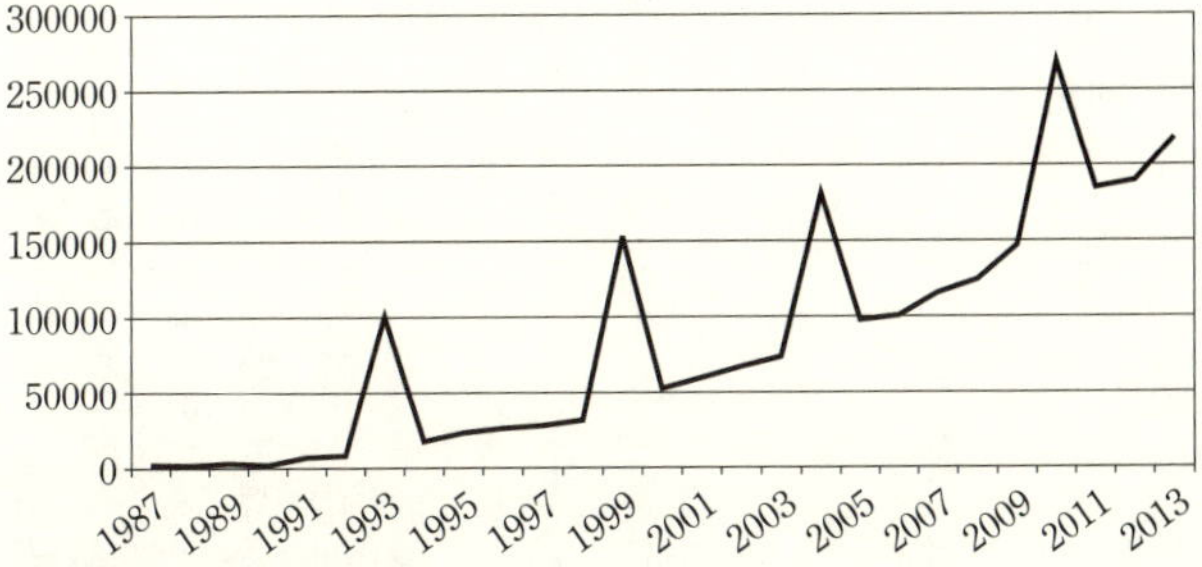

1993年以降、上昇が顕著

公が息子の遺灰を持って道中散骨しながら代わりに巡礼を行うというストーリーである。エンディングでは反発していた息子のヒッピー的な価値観に共鳴し、主人公も世界を旅するようになったことが示唆されるが、これもカトリック信仰とはまったく別の観点から描かれた物語である。

これらの著作や映画は、現在の巡礼者たちが巡礼を知ったきっかけや巡礼を始めた動機として頻繁に挙げるものである。特にコエーリョとマクレーンの本は、現代サンティアゴ巡礼のバイブルと言ってさしつかえないだろう。これらの作品群が、二〇世紀末以降の巡礼者の急増に大きく貢献したと考えられる。いずれの作品も、巡礼を通じて新しい価値観を得たり精神的な変化があったことを描くが、伝統的なカトリック信仰とは異なる観点からのものであることは興味深い。

また、一九九三年にスペイン国内の巡礼路が、世界文化遺産に登録されたことも見逃せない。これによってサンティアゴは、キリスト教の歴史遺産観光の対象としてあらためて知られるようになった。同年はヤコブの聖年でもあり、巡礼者は一〇万人に迫る勢いであった。

前頁のグラフは後述する教会が定めた条件をクリアし、巡礼証明書を取得した人数である。巡礼者数は聖年に爆発的な増加を見せながら上昇曲線を描いている。二〇〇一年を境に常に五万人を超え、二〇〇六年前後から常に一〇万人を超えている。聖年ごとに過去最高の巡礼者数を記録し、二〇〇四年には約一八万人、二〇一〇年には二七万人以上となっており、一九八七年（二九〇五人）と比べると実に一〇〇倍近くに増加している。

このようにサンティアゴ巡礼が興隆したのは実は二〇世紀末からである。そして、そのきっかけになったのも、カトリックとは異なる宗教観に基づく作品やユネスコという世俗組織の認定だったのである。

2　現代のサンティアゴ巡礼

巡礼のルートと方法

ここでは現代の巡礼者たちがどのように旅しているのかを見てみよう。まず巡礼のルート

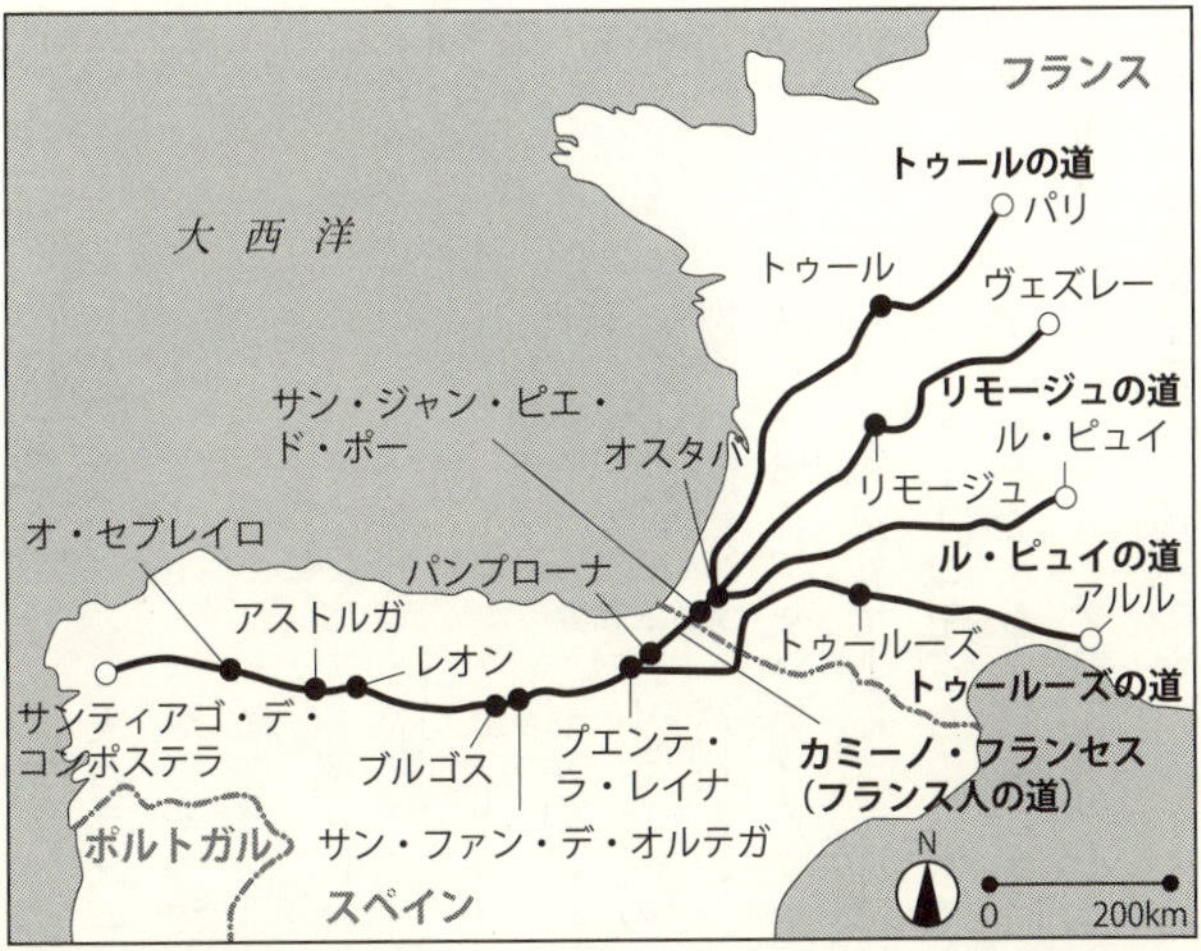

サンティアゴ巡礼のルート

であるが、地図の通り、フランスを出発とするものとしてはトゥールの道、リモージュの道、ル・ピュイの道、トゥールーズの道の四つが広く知られている。だが、フランスから歩き出すと全行程で二〜三ヵ月を要するため、ピレネー越えを体験できるフランス側の終点サン・ジャン・ピエ・ド・ポー（以下、サン・ジャン）を出発し、パンプローナ、ブルゴス、レオン、アストルガなどを経由するカミーノ・フランセス（フランス人の道）の人気が高い。およそ七割の巡礼者がこの道をゆく。

ヨーロッパ在住の巡礼者には、家の前から歩き出すケースもしばしば見られる。筆者が実際に出会った例としては、居住地であるジュネーブから一度サンティアゴとは反対方向のスイスの東端まで戻ってそこから歩きだしたスイス人女性、夫のランニングに妻が自転車で伴走しながらストックホルムからやってきたスウェーデン人の六〇代の夫婦などが挙げられる。

巡礼には主に三つのタイプがある。もっとも多いのが徒歩巡礼で、一〇キログラム程度の荷物を背負って、毎日一五〜二〇キロメートルほど歩く。自然に恵まれた巡礼路を歩き、気が向けば沿道のロマネスク様式の古い教会を見学し、夜は小さな村のペンションに泊まることができる。スペイン聖地巡礼というイメージにもっとも近い形だと言える。サン・ジャンから歩き始めた場合、サンティアゴまでおよそ四〇日を要する。

歩き巡礼者

次に多いのが自転車巡礼である。行程にはアスファルト舗装された道が多く含まれる。一日に一〇〇キロメートル以上進むこともできるため、サン・ジャンから早ければ一〇日前後でサンティアゴに到着できる。故障した時などは自分で修理する必要があり、自転車を趣味とし知識もある人がスポーツ感覚でやる場合が多い。また、ごく少数ではあるが、馬、ロバ、盲導犬、車椅子による巡礼者もいる。

巡礼者の属性について二〇一二年のサンティアゴ巡礼事務局の統計を基に述べておくと、年代別割合では三〇～六〇歳が約五六％ともっとも多い。三〇歳未満は約二八％、六〇歳以上は約一五％であり、青年期から壮年期の人々が多い。男女比はおよそ五六％と四四％である。国籍については半数以上が外国人（一二〇ヵ国以上）、半数弱がスペイン人である。外国人の割合はドイツ人、イタリア人、ポルトガル人、フランス人、アメリカ人の順に高くなっている。

二人乗り自転車の巡礼者

巡礼証明書と巡礼の動機

サンティアゴを起点として、徒歩または馬で一〇〇キロメートル以上、自転車で二〇〇キロメートル以上巡礼をした人には、コンポステラと呼ばれる巡礼証明書が発行される。巡礼証明書の発行手続きの際に、巡礼者は、その動機を①宗教的理由やその他、②宗教的理由、③非宗教的理由の三つから選択する。例年、①と②の合計が九割近くになるが、この数字は額面通りに受け取れない。というのも、③非宗教的理由を選択すると巡礼証明書ではなく、異なるデザインの歓迎証が与えられるためである。

歓迎証は簡素なデザインで、徒歩一〇〇キロメートル、自転車二〇〇キロメートルという条件を満たさなくても、サンティアゴ訪問の記念として発行してもらえる。そのため、実際に巡礼者たちが語る動機は自己実現、自分探し、レジャー、スポーツなどだが、巡礼証明書の取得の際だけ宗教的動機を選択することが多いと思われる。

以上の統計の対象となるのは、巡礼証明書を交付された人々に限られる。サンティアゴだけを訪れる人は毎年一五〇万人ほどとされる。他にも仕事や休暇の関係で何回かに分けて歩く巡礼者もいれば、より長期間のバックパック旅行やバイクでのヨーロッパ一周に巡礼を組み込んで、一部の区間だけを巡礼者とともに行く者などもいる。だが、彼らは巡礼証明書の発行に基づく統計上の数字にはあらわれないのである。

クレデンシャルとアルベルゲ

巡礼者は、クレデンシャルという巡礼専用のスタンプ帳を携帯する。巡礼路沿いの宿、カフェ、レストランなどにスタンプがあり、巡礼者はそれを押しながら旅を続ける。こうして集めたスタンプが、巡礼を終えた時にサンティアゴで巡礼証明書を発行してもらう際の証拠となる。

クレデンシャルの発行は一部の巡礼宿や教会でも可能だが、多くの人は、事前に各国のサンティアゴ友の会を通じて入手する。同会はスペインをはじめ、アメリカ、イギリス、フランス、オランダ、ブラジル、日本など各国に支部があり、巡礼者への情報提供やクレデンシャル発行を行っている。現地で巡礼路整備や宿運営を行う会もある。

巡礼者のほとんどは、アルベルゲという巡礼専用の宿泊施設で夜を過ごす。ユースホステルのようなもので、二～四段のベッドとシャワーが基本的な設備である。国・州政府・地方自治体・民間・教会などによるものがある。宿泊費は、全般的に民営のところが高く、公営・教会営のものは安い。アルベルゲへの到着はだいたい一三時から一八時くらいまでで、二二～二三時頃に消灯となる。

アルベルゲのチェックインには、巡礼の種類に応じて優先順位（徒歩、馬、自転車の順）がある。朝は七～八時頃までに出なくてはならない。原則として一ヵ所に一泊しかできず、病気・怪我など特別な事情がないと連泊はできない。予約もできず、混雑する時期には、くたくたになって到着してもベッドが空いておらず、数キロ先の次のアルベルゲまで行かざるをえない時もある。

3　ゴールより重要なプロセス

なぜ徒歩で聖地へ向かうのか

徒歩巡礼のための設備は近年充実しつつある。巡礼路沿いには新たなカフェやレストラン、アルベルゲが作られている。歩くのに不要な荷物を宿泊予定の街まで運んでくれる巡礼タクシーも存在する。スペイン語が不得手な人々のために、ガイド付きで歩くツアーを提供する旅行社もある。

現代のサンティアゴ巡礼者たちが徒歩という自らの身体を使った巡礼スタイルに強いこだわりを持っていることは興味深い。前述のように、ほとんどの巡礼者は歩いて旅する。サンティアゴまで飛行機も高速道路も鉄道も整備された現代において、なぜ彼らは徒歩巡礼を選ぶのか。しかも、ほとんどの巡礼者は信仰を持っていない。それにもかかわらず、どうして容易に行ける聖地をあえて遠くするのだろうか。

前章で見たように、聖遺物を目指す巡礼において重要なのは、聖なる物を前にして祈ることである。しかし、信仰のない現代の巡礼者にとって、聖遺物は旅の絶対的な目標にはならない。そこで彼らは徒歩巡礼という不便な方法をあえて選ぶ。聖遺物のあるゴールの価値が失われてしまった代わりに、そこまでのプロセスに意味を与えるのである。つまり、わざわざゴールを遠ざけ、不要になったプロセスを再発生させるために、徒歩巡礼が選ばれていると考えられるのである。

オスピタレーロとゲスト同士の交流

それでは、あえて延長されたプロセスでは、どのような体験がされているのだろうか。インタビューや無数の巡礼記からは、他者との交流体験、つまり巡礼仲間との出会いや別れに高い価値が置かれている様子がうかがえる。サンティアゴ巡礼において、こうした点を端的にあらわしているのが、オスピタレーロと呼ばれる役割である。

オスピタレーロは巡礼宿を管理し、巡礼者の受け入れ業務に携わる人々である。多くのオスピタレーロは、彼ら自身がすでに何度か巡礼証明書を取得した経験者である。食事準備・巡礼者受付・清掃などの仕事をこなし、自身の体験を元に巡礼者に助言しながら、二週間から一ヵ月程度スタッフとして働く。

どこかの巡礼宿でオスピタレーロとして働くことが決まった場合、多くの人は宿に直行するのではなく、勤務開始の日に間に合うように巡礼を始める。そして、一定期間オスピタレーロとして働いた後に、再び巡礼者となってサンティアゴまでの残りの巡礼を再開するのである。巡礼のベテランになればなるほどオスピタレーロとして巡礼路に滞留し、ゴールへ向から速度を落としたがる。中には何度も巡礼を行った末、仕事を辞めて、自分自身で巡礼宿を営むために巡礼路沿いに外国から移住する人もいるのである。

なぜベテラン巡礼者たちはオスピタレーロをやろうとするのだろうか。筆者がインタビューしたオスピタレーロの多くは、その動機として「巡礼の世界をもっと良く知りたいから」「より深く巡礼の世界に入って味わいたいから」などの理由を挙げていた。そして「なぜオスピタレーロをすることが巡礼を深く知り味わうことになるのか」との問いに対しては、「オスピタレーロの方がより多くの巡礼者と知り合うことができる」という答え方をする。

サンティアゴ巡礼では、ほとんどの巡礼者が毎日二〇キロ程度歩いてゆく。そのため巡礼の間、多少の入れ替えはあるものの、実は巡礼路上で見かける他のメンバーはあまり入れ替わらないのである。それに対して、オスピタレーロとして一ヵ所に定住すれば、巡礼者は骨折など余程の理由がない限り同じ宿に連泊できないため、毎日違う巡礼者と出会うことができる。つまり、オスピタレーロとして一ヵ所に留まることが、巡礼者との交流機会を増やすもっとも効率の良い方法なのである。

一ヵ月以上に渡る徒歩巡礼では、多くの巡礼者が一度や二度は体調を崩したり、足を痛めたりする。次の村までの距離を読み誤り、山道で水がなくなってしまうこともある。そうした時、医師免許を持つオスピタレーロが治療してくれたり、通りがかった言葉も通じない巡礼者が飲み物を分けてくれるようなことが度々発生する。巡礼者の多くは、そうした出来事を巡礼中に起きたもっとも重要な体験として語り、精神的な成長や価値観の変容のきっかけとして感じとっている。

ある日本人巡礼者は、マクレーンの著作を通じてサンティアゴ巡礼を知り、「もう一度、本来の自分を取り戻したい」という強い思いから仕事を辞めた。そして、「名刺のないこの空白の時間を、自己を内観するために」サンティアゴへの道を歩き始める。その巡礼記の最終章では、本来の巡礼の目的地である大聖堂も聖ヤコブも言及されていない。彼女にとってのサンティアゴ巡礼とは、「大自然と風と水と火と土にふれる旅」であった。歩き、食べ、寝るだけのシンプルな生活は「自分の潜在的な望みや才能にも気づきやすく」させ、その結果、意識の改革が生じたという。そして、巡礼路で出会った人々は「自分の学びのために出会っている」ととらえられるのである（F・シングル編『聖地サンティアゴ巡礼の旅』）。

このように、ゴールのサンティアゴ大聖堂ではなく、その道中での出来事が重視される傾向が現代の巡礼者には特徴的である。重要なのは、聖地までの道のりなのだ。別の日本人女性の巡礼記では、ゴールしたことへの失望がはっきりと語られている。彼女は、サンティアゴに到着しても、「長距離を走ってゴールインしたときの達成感のようなものは、ひとかけらも感じられ」ず、観光客でにぎわうサンティアゴの街を早々に後にしたというのである（小田島彩子『気づきの旅』）。

神格化されるカミーノ

メノナイト派の神学者アーサー・P・ボアーズは、自らの巡礼記『道は歩くことで作られる』において、サンティアゴ巡礼にはカトリック信仰とは異なる信頼と協働という独特の価値観が存在することを論じている。つまり、会ったばかりで名前も知らない人と食住をともにし、親密な話をするようなつながりの体験が、現代サンティアゴ巡礼の特徴だというのである。

ボアーズが挙げるのは、彼自身が足を怪我した時に一緒にいた女性巡礼者の話である。彼女とボアーズはしばらく一緒に歩いていたが、彼が怪我をして歩みが遅くなると、その女性は、当初は彼の面倒をみるのをためらい、独りで先に行ってしまう。しかし、しばらくすると女性は戻って来て、最終的には自分の予定を変更してボアーズを病院に送り届け、診察と治療にも立ち会ってくれたのである。

ボアーズは、このような出来事が頻繁に生じることから、巡礼路そのものがしばしば人格化・神格化されていると指摘している。右のような出来事は、「まあ、それがカミーノさ」

といった言葉で、サンティアゴ巡礼の特殊な空間ではしばしば生じうるものとして納得される。逆に言えば、日常生活では見られないこうした体験が頻繁に生じることからこそ、サンティアゴ巡礼路は特別な空間であると考えられているのである。

日本のサンティアゴ友の会のある女性によれば、会員の多くはカトリック信仰を持っておらず、その存在を認識しつつも、「ヤコブへの献身」という意識はほとんど見られない。その代わりに、会員同士の会話では、「カミーノ教」という言葉が頻繁に出るという。カミーノ（Camino）とはスペイン語で道を意味し、サンティアゴ巡礼の文脈ならば巡礼路のことである。前述の巡礼での交流体験を重視する現代の巡礼者の語りと合わせて考えれば、カミーノ教とは、巡礼者たちに仲間意識を芽生えさせ、他者とのつながりの体験を与えてくれる巡礼のプロセスそのものを重視する考え方があらわれたものだと言えるだろう。

ルールとしてのサンティアゴ大聖堂

世俗化社会においては、聖ヤコブやその聖遺物は、一部の熱心な信徒以外には説得力や価値を持たない。巡礼路そのものの人格化・神格化やカミーノ教という言葉は、現代の巡礼の目的が聖ヤコブや神のような超越的存在に対する垂直的な信仰ではなく、巡礼仲間同士での共同体意識やつながりといった水平的なものへとシフトしていることを示している。

人類学者の土井清美は、現代における聖ヤコブの位置づけを「ゲームのルール」として説明している（「サンティアゴ・デ・コンポステラ」『聖地巡礼ツーリズム』）。本来は、最大の目的だったサンティアゴ大聖堂への到着は、信仰なき巡礼者たちにとって本質的な動機にはなりえない。とはいえ、スペイン側だけでも八〇〇キロメートル以上に渡って広がる巡礼路を各人が勝手に歩き回ってしまうと、巡礼者という肩書が無効化し、個別にトレッキングしている人々になってしまう。そこで「西へ向かう」という最低限のルールを提示しているのがサンティアゴ大聖堂だというわけである。

共通のゴールとしてサンティアゴ大聖堂があることで、巡礼者という特別な肩書きが有効になり、意味ある世界として巡礼空間が立ち上がる。つまり、現代では、巡礼者同士のコミュニケーションや仲間意識を下支えするために、聖ヤコブという象徴が補助的に用いられている。

4　予定調和の巡礼体験

目的化するプロセス

徒歩での巡礼は、サンティアゴ巡礼以外でも、再発見・再構築されつつある。たとえばフランスのブルターニュ地方では、トロ・ブレイスと呼ばれる七つの都市に祀られた聖人を回る巡礼が復興され、二〇世紀末から徒歩巡礼のための道が整備されている。

また、モン・サン＝ミシェルは、一般の観光客にはパリからバスで行く日帰りか一泊のツアーが今でも一般的である。しかし、一方で同地は「モン・サン＝ミシェルとその湾」（一九七九年登録）としてのみならず、「フランスのサンティアゴ・デ・コンポステラ巡礼路」（一九九八年登録）として世界文化遺産にも指定されたため、サンティアゴ巡礼の一環として徒歩で訪れる人も増えている。さらに、中世の巡礼者をまねて、潮のひいたモン・サン＝ミシェル湾を修道院まで数時間かけて歩くツアーもある。

日本でも四国遍路をはじめ、近年では東京から富士山まであえて歩くツアーや熊野古道の整備なども行われており、徒歩による巡礼への関心の高まりをうかがわせる。

日本の巡礼研究の第一人者である星野英紀は、早くから四国遍路について、「歩きの自己目的化」を指摘していた。サンティアゴ巡礼と同様、現代の四国遍路においても、歩くというプロセスそのものに重心が移っており、宗教的動機の観点から見れば、伝統的な遍路から逸脱しているのである。

星野は、四国遍路のバス・ツアーのガイドが、車中から何度も徒歩巡礼者を目にする内に、「バス巡礼は本物ではない」と感じて歩き遍路に挑戦した例を紹介している。サンティアゴ巡礼でも同じように、歩き巡礼者がバスや自転車で向かう巡礼者を偽巡礼者と批判的に呼ぶことがしばしば見受けられる。

信仰ある巡礼者は聖遺物の前で祈るために旅をしているのであり、移動の手段は重要ではない。できるだけコストをかけずに大聖堂に着くために、バスや車を利用しているのである。ゴールにある聖遺物が説得力を持たなくなった現代においては、巡礼の目的と手段が一致しなくなっている。信仰がない者はプロセスを重視するため、歩きという宗教的に見えるスタイルで聖地を目指し、信仰者はゴールに速やかに到着するために、バスや車を利用するのである。

興味深いのは、プロセス志向の巡礼にも宗教性が読み取れる、という星野の指摘である。現代の大半の巡礼者は、従来のような弘法大師への信仰を持っていない。だが、歩くことを通じて、異界への没入感、精神的な浄化、「生かされている」という認識などを得ている。星野は、こうした体験や気づきは、本人たちが認識していなくとも、これまで宗教的体験と言われてきたものと変わりがないとしている。

プロセス志向の巡礼者たちの交流体験は、経験者の手記、ネット掲示板、動画共有サイト、友の会の巡礼情報の交換会など、さまざまな場で表現される。そこからは、サンティアゴや四国の広大な巡礼路で生まれた無数のかけがえのない出会いの体験への強い思い入れがうかがえる。だが、筆者が注目したいのは、それらの語りの多様性よりも、むしろ類似性である。巡礼者が語る自分自身だけの巡礼の物語は、実はどれも似ている。特に目立つ共通点は、先に星野が挙げた一連の精神的な気づきに加えて、シンプルな生活の快適さ、水や食事のありがたみ、他者に優しくすること／されること、新しい身体感覚の目覚めなどである。語られるエピソードには、どこかで聞いたことがあるものが多い。信仰とは無関係にいかにも自由に旅に出て、自分に生じた交流体験に価値を見出そうとする現代の巡礼者の語りも、いくつかのパターンに分類できそうなのである。

巡礼路の有名なエピソード

現代の巡礼者は、旅立つ前に映画・小説・巡礼記・ネットなどを通じて、自分自身の「あるべき巡礼」「あるべき他者との交流体験」を思い描いているのではないか。そして、それに合致するような体験を積極的に探し、強調しているように思われる。こうした観点から考えた場合、次のようなエピソードが興味深い。

セブレイロを降りる途中の小さな村（今ではその地名が思い出せない）で小雨降る中、一人のおばあさんがお皿に五㎝は重ねてあるだろうクレープをいきなり差出し、「どうぞ、どうぞ」と言う。ブラジル人男性と韓国人男性と一緒にクレープを手にすると、ばあさんはその上に塩を振る。口に入れたとたんにばあさんは「五〇セント」と言い手を出す。こりゃ押し売り！まあ五〇セントなので、クレープを作ってくれた労いかしらとお渡しした。一枚五〇セントで二〇枚はあるだろうから全て押し売りしたら一〇ユーロ（約一五〇〇円）。いい商売だな。でもおばあさんには、ほどほどのお金で余生を楽しんでほしいなと思った。（シングル編、前掲書）

このクレープ売りの女性は巡礼路の有名人で、しばしば巡礼者間での話題にのぼる。そして、「押し売り」という表現に見られるように、彼女については、たいてい否定的に語られるのである。「詐欺に遭った気分だ」と書くガイド・ブックもある（中谷光月子『サンティアゴ巡礼へ行こう！』）。しかし、一〇〇円にも満たない被害額にしては、この女性に対する非難は厳しすぎないだろうか。

このクレープ売りの女性は、筆者が二〇〇八年に行った調査の際にも現れた。フォンフリーアという小さな村を抜ける際、霧雨が降りしきる中、簡素な建物の陰から突然出てきて、「巡礼お疲れさま、クレープをどうぞ」と笑顔で声をかけてきた。

その姿は「巡礼者に善意で施す寒村の敬虔な農婦」という風体で、まさに巡礼者が求めるイメージに合致する。そのイメージにつられて、多くの巡礼者がクレープを食べる。そして、彼女が金銭目的でクレープを売っていたことを知ると、多くの巡礼者は怒りを覚える。なぜなら、彼女は巡礼者たちが勝手に抱くイメージを見透かし、逆手にとって商売をしていたことに気づくからである。

一方、このクレープ売りの女性と対照的な存在が、サン・ファン・デ・オルテガでアルベルゲを営んでいたホセ・マリア神父である。彼は自分の宿に泊まった巡礼者に対して、手製のにんにくスープをふるまうことで知られていた。先と同じ巡礼手記では、次のように紹介されている。

手作りソパ・デ・アッホ（にんにくスープ）を注ぎ入れてくれるこのホセ神父様は半世紀以上も巡礼者のために毎日、にんにくスープを作りつづけているそうである。年季の入ったホーローのカップにスープが注がれていく。パンが入ったボリュームのあるにんにくスープをいただいたら、ホセ神父様は一人一人に握手をしてくれた。ホセ神父様、いつまでもお元気でいらしてください。ちなみにこのスープはミサに出席しないといただけないので、みなさん必ずミサには出席してね。

ホセ神父も、各種の巡礼記やガイド・ブックで紹介される巡礼路の有名人の一人である。彼は、クレープ売りの女性とは反対に、多くの巡礼者から好意的に語られる人物である。ただ、引用にあるように、神父のスープは、ミサに出席しないとふるまわれない。そして、ミサでは献金が求められるわけだが、通常は五〇セントよりも多く出すだろう。うがった見方をすれば、神父は、クレープ売りの女性よりもはるかに「いい商売」をしているのである。
ところで、ホセ・マリア神父は、マクレーンの巡礼記にも登場する。マクレーンは巡礼の間中、女優としての知名度が災いし、新聞記者やパパラッチに執拗につけまわされる。シャワーを浴びている最中にカーテンを開けられ写真を撮られるなど、深刻な被害を受け続けていた。しかし、神父のいるサン・ファン・デ・オルテガの少し手前あたりから、パパラッチたちが姿を消す。

私はサン・ファン・デ・オルテガに着いた。そのとき初めて、どうして記者たちがカミーノからいなくなったのかがわかった。そこの教会で二百人以上の記者が私を待っていたのだった。〔…中略…〕カルロス〔マクレーンの巡礼仲間〕が私のところにやってきて、この教会の司祭が記者たちに、ここで私の記者会見を開いてやるから、教会にいくらかの寄付をするようにと言ったのだ、と教えてくれた。私はカルロスに、それはフェアではないと私が思っていると彼らに伝えてほしいと頼んだ。彼は気持ちよく役目を引き受け、司祭も含めて全員に出て行くように言った。その司祭は私にニンニク入りのスープを差し出したが、私はそれを断わり、旅を続けた。(『カミーノ』)

通常、神父のふるまいが巡礼者に好意的に受け止められるのは、彼が「巡礼路教会の善意に溢れる神父」という役割を演じ切るからである。ミサの際の献金という集金方法も、巡礼者たちが求める体験と相性が良い。普段はまったく教会に行かない人々や非カトリック圏からの巡礼者たちにとって、ミサの雰囲気の中での献金は、巡礼の特別性や非日常性を補強してくれる。信仰なき巡礼者たちは、神父が用意した舞台上で期待通りの体験にありつくことができる。そして、そうした舞台と体験を用意してくれた神父は称賛されるのである。

パターン化される交流体験

現代の信仰なきサンティアゴ巡礼者たちは、カトリックの伝統的な枠組みを離れ、自らの意志や嗜好を大切にして自由気ままに巡礼をしているように見える。だが、実はその自由さや気ままさは、かなりの程度似通っているのである。

人類学者の門田岳久は、現代の四国遍路について「浅い宗教体験」と指摘する興味深い議論を展開している。門田は、佐渡からのバス・ツアーによる四国遍路を調査した上で、宗教的な巡礼と観光旅行が適度に組み合わされたツアーにおいて、参加者たちは誰にでも起こりうる私だけの体験をし、それを語り合い、それに満足することを指摘している。

門田は、こうした巡礼と観光の融合がもたらす一連の経験を「浅い」と表現する。だが、これは本格的な宗教体験と比較して劣っていたり、表面的であるという意味ではない。神秘主義的な宗教体験ではなく、「それなりの宗教的経験」に満足することが、現代の巡礼者たちの健全さのあらわれだと指摘しているのである。

筆者にも、つながりや交流に価値を置き、それを繰り返し語る現代のサンティアゴ巡礼者たちを批判する意図はない。少なくない費用と日数をかけたあげく巡礼者たちが語るのは、サンティアゴ大聖堂の荘厳な雰囲気や自らの宗教的回心ではない。水を分けあったり食事を一緒にしたりといった、些細《ささい》にも思われる体験である。それらが「かけがえのない出来事」として語られ、そして、実はほとんどの巡礼者が体験する「どこにでもある出来事」である点に注目したいのである。

サンティアゴ巡礼者たちが他者との交流を繰り返し語るのは、そうした体験が日常生活において珍しくなったからだろう。世俗化と私事化は、人々の価値観や倫理観を細分化する。その結果、社会の大多数の人が共有する宗教的物語や価値観を前提とすることが不可能になる。こうした状況では、他者が無条件に自分に共感してくれたり、助けてくれたりすることを期待できない。地域や集団への安定した帰属感や共同体意識を持つことが相対的に難しくなっている。だからこそ、巡礼路でのつながりや交流の体験があらためて輝きを帯びる。

伝統的なカトリック信徒が聖遺物の前での濃密な祈りを求めて巡礼をするのに対して、信仰なき巡礼者たちは、他者とのつながりや交流といった体験を求めて巡礼を行う。神や聖人との交流が超越性をともなう垂直的な体験であるとすれば、現代の巡礼者は、人間同士での水平的な体験を求めていると言える。

そして、カトリック信徒が聖遺物を重要視する点で画一性を持っていたように、信仰なき巡礼者たちも、他者との交流やつながりを重視する価値観を共通して持っている。自身がそれに適合するように行動するのは当然として、他者にもその価値観に抵触しないようにふるまうことを求める。そうした協働の結果として、首尾よく思い描いた通りの交流体験ができれば、新たな気づきや考え方が得られるわけである。

聖地巡礼が観光と融合したことで、巡礼の体験に深みがなくなったわけではない。信仰者の巡礼体験が本物で、信仰なき巡礼者の体験が偽物なのではない。巡礼と観光が結びついた結果、巡礼を通じて得られる体験が、これまでとは異なる形でパターン化されてきたのである。宗教についての知識や深い信仰がなくとも、巡礼に満足できるようになっているのである。

重要なのは、こうした新しい巡礼体験のあり方が、宗教的か世俗的かという枠組みでは論じられないことである。現代のサンティアゴ巡礼においては、聖地までのプロセスをあえて延長し、他者と積極的に関わり合うことでしか得られない体験が発見されている。だからと言って、巡礼から宗教性が失われているわけではない。むしろ、伝統的な宗教の枠組みの外側へと拡散し、新たな形をとるようになったのである。

第3章

世界遺産と聖地——選別される宗教文化

本章では、非宗教的な権威や制度が、伝統的な宗教文化に与える影響について考察する。特にユネスコ（国際連合教育科学文化機関）が運営する世界文化遺産の制度を取り上げる。ユネスコや行政といった宗教の外側にある機関によって、聖地や信仰について判断がなされる時、何が価値あるものとされ、逆に何が価値なきものとされるのだろうか。また、その価値はどのように裏づけられるのだろうか。こうした問題は、世俗化社会における宗教の位置づけを考える上で、有益な示唆を与えてくれる。

とりわけ日本では、世界文化遺産の影響力が強い。登録された物件は広く知られるようになり、観光振興に大きな効果が期待される。現在でも多くの物件が立候補しているが、世界文化遺産を目指す運動の過程では、宗教が世俗的な観点から選別され編集される。以下では宗教と観光という本書の問題意識にひきつけながら、世界文化遺産という強い訴求力を持った制度を手がかりに、世俗の中の宗教文化について考えてみたい。

1　世界遺産と宗教文化

物を保全する世界文化遺産

世界遺産は、世界遺産条約（一九七二年採択、一九七五年発効）に基づいて、ユネスコ（国際連合教育科学文化機関）によって運営される制度である。日本では同条約に批准した翌年の一九九三年、「法隆寺地域の仏教建造物」と「姫路城」が文化遺産として、「白神山地」と「屋久島」が自然遺産として登録されている。

その後、文化遺産としては以下のものが登録されてきた。

「古都京都の文化財」（一九九四年）
「白川郷・五箇山《ごかやま》の合掌造り集落」（一九九五年）
「原爆ドーム」と「厳島神社」（一九九六年）
「古都奈良の文化財」（一九九八年）
「日光の社寺」（一九九九年）
「琉球王国のグスク及び関連遺産群」（二〇〇〇年）
「紀伊山地の霊場と参詣道《みち》」（二〇〇四年）

「石見銀山遺跡とその文化的景観」（二〇〇七年）
「平泉——仏国土（浄土）を表す建築・庭園及び考古学的遺跡群」（二〇一一年）
「富士山——信仰の対象と芸術の源泉」（二〇一三年）
「富岡製糸場と絹産業遺産群」（二〇一四年）

この一覧を眺めて意外性を感じる人は、それほど多くないだろう。ほとんどの物件は、世界遺産というラベルが貼られる以前から、すでに多くの訪問者を集めてきた場所である。日光や京都は日本人にとって定番の観光地である。広島の原爆ドームは修学旅行先にしばしば選ばれ、教育の一環として公的な位置づけを与えられていると言えるだろう。

文化庁によると、世界遺産登録の評価基準は、次の一つ以上の条件を満たすことである（自然遺産に関わる条件は割愛した）。

i）人間の創造的才能を表す傑作である。
ii）建築、科学技術、記念碑、都市計画、景観設計の発展に重要な影響を与えた、ある期間にわたる価値観の交流又はある文化圏内での価値観の交流を示すものである。
iii）現存するか消滅しているかにかかわらず、ある文化的伝統又は文明の存在を伝承する物証として無二の存在（少なくとも希有な存在）である。

ⅳ）歴史上の重要な段階を物語る建築物、その集合体、科学技術の集合体、或いは景観を代表する顕著な見本である。
ⅴ）あるひとつの文化（又は複数の文化）を特徴づけるような伝統的居住形態若しくは陸上・海上の土地利用形態を代表する顕著な見本である。又は、人類と環境とのふれあいを代表する顕著な見本である。（特に不可逆的な変化によりその存続が危ぶまれているもの）
ⅵ）顕著な普遍的価値を有する出来事（行事）、生きた伝統、思想、信仰、芸術的作品、あるいは文学的作品と直接または実質的関連がある（この基準は他の基準とあわせて用いられることが望ましい）。

第1章でも若干触れたが、この一連の条件から分かるように、世界文化遺産の審査においては、物としての真正性・完全性が重要なポイントになる。首里城が復元された建築物としてではなく、城跡として登録されたのもそのためであった。

世界文化遺産は、歴史的・学術的に評価が定まった真正な物を選定し、物理的に保全しようとする制度である。そのため、国内ですでに評価の定まった物件が多くなるのは必然だと言える。条件ⅵ）にのみ「生きた伝統、思想、信仰……」という非物質的な対象を指す表現が見受けられる。だが、カッコ内にある通り、これは他の条件の付帯として扱われるのが望ましいとされるのである。

文化的景観

しかし、登録数が増えるにつれて、歴史学的・考古学的に真正かつ完全なものだけではなく、その価値が確定していないものも候補に挙がるようになった。そうした傾向を後押ししたのが、一九九二年に導入された「文化的景観（cultural landscape）」という概念である。

世界遺産における文化的景観は、「人間と自然環境の交流をさまざまに表現するもの」と定義され、次の三つのカテゴリーに分けられる。

（1）人間の意志によって設計・創造された景観
ここには、審美的な観点から評価される庭園・公園などが含まれる。また、そうしたものの多くは、宗教的・記念碑的な意味を持った建築物をともなうとされる。

（2）有機的に発展してきた景観
ここには、人間が歴史の中で発展させてきた生活様式に由来する景観が含まれる。

（3）複合的な文化的景観
ここには、自然に対する宗教的・審美的・文化的な結びつきを象徴する景観が含まれる。

（1）はいわゆる名勝や史跡に相当するもので、物質的観点から遺産を選定してきた従来の立場と大差ない。他方、（2）と（3）では人間と自然の交流が強調され、その影響が現在まで続くものも含まれる。（2）は古くからの棚田の景観など、より物質的な交流を対象とする。そして（3）は主に精神的で無形の交流を対象としており、人間と自然の対話が宗教文化や芸術の形をとって表れたものが対象となる。

文化的景観の観点が加わったことによって、物を中心とする世界文化遺産の中で宗教が占める位置は、多少広がったと言える。少なくとも理念的には、過去の痕跡としてだけではなく、現在まで続く信仰形態を含めた形で候補対象になりやすくなったからである。実際、前章で取り上げたサンティアゴ巡礼は、巡礼路そのものが指定対象となっている。

しかし、これらの物件においても、巡礼路沿いに多くの寺社や教会といった建築物が残っている点が重視されている。サンティアゴ巡礼路沿いには、それ自体が単体で世界文化遺産登録されるブルゴス大聖堂や、エウナテ教会のようなロマネスクの古い教会など、歴史ある建造物を数多く見ることができる。

サンティアゴと同じく、巡礼路そのものが指定対象となった「紀伊山地の霊場と参詣道」の場合も同様である。同物件は、熊野三山、金峯山寺、高野山金剛峯寺など、奈良・三重・

和歌山の三県にまたがる。そして、そこには国宝四件、重要文化財二〇件以上の建造物をはじめとして、多くの文化財が含まれているのである。

また、世界遺産制度と宗教を考える場合には、別の問題も存在する。日本のように政教分離を掲げる国では、現在も継続する生きた信仰を世界遺産にする運動は容易ではない。世界遺産の登録にあたっては、日本では基本的には県が主体となって活動を展開し、最終的に政府がユネスコに推薦する形をとる。そして、宗教は地域固有の文化や歴史と結びついていることが多いため、物件の魅力やシンボルとして構成資産の候補に挙げられやすい。

しかし、公の組織が特定宗教と結びつくことを禁止する政教分離があるため、宗教の扱いには慎重にならざるをえない。その結果、現在進行形の信仰ではなく、伝統や習俗としての宗教文化が強調されやすくなるのである。

2　多様な価値観

富士山

前述のような世界文化遺産の制度面の特徴を踏まえた上で、いくつかのケースについて見てゆく。いずれにおいても、宗教が世界遺産制度と齟齬《そご》をきたさないように腑分けされていることが分かるだろう。

まず、自然遺産から文化遺産への登録へと戦略転換した際、信仰がメインに据えられた富士山のケースについて見てみよう。富士山は二〇一三年に世界文化遺産に登録された。山梨県と静岡県が主体となった世界遺産化運動は、二〇年に渡って続けられてきた。そして、当初は、世界自然遺産としての登録が目指されていたのである。

しかし、山上のゴミや屎尿《しにょう》処理に関わる問題や、富士山型の成層火山としてはキリマンジャロがすでに登録されており、そちらの方が自然環境も良好に保全されているといった理由から国内選考の段階で落選したとされる。結局、二度の落選を経たのち、自然遺産ではなく文化遺産での登録を目指すことになった。そして、その際にキーワードとして持ち出されたのが「信仰の歴史」であった。

ユネスコに提出された推薦書では、富士山は①富士山信仰の証拠（条件iii）、②世界的名山としての景観（条件iv）、③芸術作品との関連性（条件vi）の三点を満たすものと主張された。だが、ユネスコが認めたのは①と③であった。③は江戸期の浮世絵に数多く富士山をモチーフにした作品があり、浮世絵が海外で受容されたことで富士山も普遍的価値を持ちうるという主張である。そして①において信仰という言葉が用いられているのだが、それは生きた信仰ではなく、物を通じて表現される過去の信仰であった。

富士山は、古来より修験の行場とされるなど山岳信仰の対象の一つであったが、一八～一九世紀前半になると江戸の庶民の間で富士講が大流行する。江戸初期に角行《かくぎょう》（一五四一～一六四六）が修験とは異なる富士山信仰独特の教義を作り、それを食行身禄《じきぎょうみろく》（一六七一～一七三三）が発展的に継承した。そして、身禄が私財を投じて富士山信仰を広めたのである。

身禄の最期は、衆生救済のために富士山七合目五勺の烏帽子岩で、死ぬまで断食するというものだった。この身禄が、亡くなるまでの間に説いた教えが富士山信仰の核となり、富士講と呼ばれる巡礼組織が爆発的に増加した。講とは寺社仏閣や霊山に参詣するための信徒団体のことであり、「江戸八百八町に八百八講」と言われるほど、富士山への信仰と富士山登拝の人気は高まったのである。

当時の富士講の記憶を留めた場所として、現在でも東京都内を中心に残されている富士塚がある。これは、富士山から運んだ溶岩などを用いて、町内に人工的に作られた富士山の縮小コピーである。多くは四～一〇メートル程度の高さであるが、一合目から山頂まで実際の登山道を模して作られ、烏帽子岩《えぼしいわ》や人穴《ひとあな》といった重要な目印も作られている。

金銭的な理由もあり、庶民が毎年富士山に行くことは簡単ではない。そこで、富士山のお山開きに合わせて富士塚に上ることで、実際の登拝と同じ効果があるとされたのである。都内の富士塚の多くは、戦争中の米軍による空襲で破壊されてしまった。しかし、文化財指定

お山開きの日の富士塚（東京都台東区・小野照崎神社）

を受けた下谷の小《お》野《の》照崎《てるさき》神社のものをはじめ、八丁堀の鐵砲洲《てっぽうず》稲荷《いなり》神社、千駄ヶ谷の鳩森《はとのもり》八幡《はちまん》神社の富士塚などが良好な状態で現存しており、その一部では今でも毎年お山開きが行われている。

江戸期の富士山信仰の大流行は明治維新とともに終焉を迎える。明治政府の宗教政策の下では、富士講の活動が公認されなかったためである。富士講の一部は教派神道として今日まで残存しているが、その活動は細々としたものになっている。さらに、戦後はレジャーとしての富士登山が一般的になり、現代では伝統的な富士講の活動はほとんど顧みられなくなっている。

こうした歴史的背景の下で、富士山を世界文化遺産にする運動は展開された。そして、そこでは富士山は単なる自然ではなく、「信仰の山」として提示された。つまり、娯楽や観光ではなく、何らかの宗教的意味を含んだものとして富士山をプレゼンする戦略がとられたのである。そして、こうした意図があるからこそ、ユネスコへの推薦書の原案では「富士山の文化的伝統の本質」は現在まで受け継がれ、現代の富士登山も「近代アルピニズムとは異なる価値観」に基づくものだと主張されたのである（富士山世界文化遺産登録推進両県合同会議『富士山推薦書原案』）。

二〇一一年には富士急行富士吉田駅は、富士山駅に名称が変更された。それに合わせて建物のリニューアルも行われたが、信仰の山としての富士山のイメージを強調するため、駅ビル正面には富士山をご神体とする浅間神社を参考とした巨大鳥居も作られた。さらに、江戸期に富士講の巡礼者の世話やガイドをした御師《おし》と呼ばれる人々が住んでいた町のリニューアルも計画されているという。

このように、世界遺産化運動の主体となった行政が提示した信仰とは、基本的には江戸期の富士信仰であると言える。あるいは、そこからさらに過去へとさかのぼった時代の宗教文化である。つまり、史料を通じて、物として確認できる信仰に限られていると言えよう。

一方で、前述の通り、「信仰の山」としての性格が現在まで続くことも強調するため、行政は現代の富士登山もスポーツとは異なる価値観の下に行われているとする。たしかに、富士登山の動機として、エネルギーをもらうため、自己を見直すためといったことが挙げられる。パワースポットとして富士山が言及されることも珍しくない。

しかし、現在の登山ブームを牽引する人々が、富士登山を通じて得るこうした体験は、身禄に始まる富士講の信仰よりも、むしろ現代のサンティアゴ巡礼者の感覚に近いものだろう。

物を中心とする世界文化遺産の観点からは、現代の登山者たちが語る宗教性は見過ごされてしまうのである。世界遺産指定を目指して行政が再発見した過去の歴史的な信仰と、現代の登山者たちが感じとる富士山の宗教性の間には、大きな隔たりがあると言わざるをえないのである。こうした行政の主張する宗教性と、個々の訪問者による体験の乖離は、次に見る熊野の事例で、さらに鮮明にあらわれている。

熊野古道

「紀伊山地の霊場と参詣道」は、三重県・奈良県・和歌山県の三県が主体となって運動を展開し、二〇〇四年に世界文化遺産に登録された。中でも紀伊半島南部の熊野には、熊野本宮《ほんぐう》大社、熊野速玉《はやたま》大社、熊野那智《なち》大社がある。この三社は記紀の時代の創建とも伝えられ、中世には、貴族から庶民まで参詣したことで知られる。

紀伊山地の巡礼路である熊野古道を調査した天田顕徳《あまだあきのり》は、世界文化遺産指定を受けたことで、行政とは関係の薄い地元の人々の間に生じた意識の変化を指摘している。熊野では、世界文化遺産指定をきっかけにして、地元の人々によるガイドの会が結成された。そのスタイルは独特のもので、かつて曼荼羅《まんだら》の絵解きによって熊野信仰を広めた熊野比丘尼《びくに》と呼ばれる人々を模している。彼女たちは、基本的にはボランティアとしてガイドを行うのだが、そのための勉強会などを通じて、自分たちがこれまで見てきた日常的な風景が実は特別なものだと感じるようになったという。そして、自分たちは「宗教の手先」ではなく、観光だけでは分からない熊野の「特別な何か」を伝えたいと語るようになったのである。

こうした過程は、世界文化遺産のラベルが貼られることにより、忘れられていた宗教資源が掘り起こされ、あらためて地元の人々の地域アイデンティティや共同体意識が醸成された状況として理解できよう。他者からのまなざしを意識することで、それまで日常的だったものが非日常的なものへと転化し、精神的な拠り所になるのである。

熊野古道大門坂を歩く人々

そして、ゲストの一部も、地元の人々のこうした意識変容に共鳴する。近年では、外国人観光客の多くが読む『ミシュラン・グリーンガイド』の日本編に、熊野古道、那智の滝、大門坂、熊野三山などが三ツ星で掲載された。その結果、熊野古道を歩くために海外からやって来る人々が増えたのである。そして、彼らはしばしばサンティアゴ巡礼者と同じような自然とのつながりや気づきを語る。つまり、伝統的な信仰でも単なる観光でもなく、ホストの人々が期待するような「特別な何か」を感じとっていると言えるのである。

他方で、このような地元の人々と世界遺産運動を展開した行政の意識には、大きな隔たりがあることも忘れてはならない。行政側の中心人物であった小田誠太郎は、世界文化遺産になったことで訪問者は激増したが、彼らのほとんどは「木を見て森を見たと錯覚して帰っている」と批判的に述べている。

小田によれば、世界文化遺産を理解するのに必要なのは無数の構成資産についての膨大な知識であり、それに裏づけられた「頭脳の目」である。熊野を訪れた人々の多くは、豊かな自然や美しい景色に一種の宗教性を感じるかもしれない。だが、行政側として運動に携わった人々からすれば、世界文化遺産とはどこまでも物を通じて表現される世界なのである。

世界文化遺産というラベルを貼られることで、地域外から多くの人々が足を運ぶ。そして、富士山や熊野などで、サンティアゴ巡礼者と同じような気づきや意識変容を語る人々も見受けられるようになる。しかし、それは世界遺産と制度的に関わった人々からみれば、物についての知識不足がもたらす見当違いの感動や感興なのである。

世俗と交わる宗教文化

熊野に続く道の中で、もっとも険しいルートがある大峯《おおみね》山《さん》を巡っては、別の議論も生じている。大峯山は修験道の修行場として長い歴史を誇り、大峯奥駈《おおみねおくがけ》と呼ばれる山伏の修行が今でも行われている。修験道の根本道場である大峯山寺を擁する山上ヶ岳《さんじょうがたけ》は、宗教的伝統にしたがって、山全体が今でも女性の立ち入りを禁止している。これに対して、この一帯はそもそも国立公園に指定されており、さらに世界文化遺産という人類全体にとっての価値を認められたのだから、山上ヶ岳への女性の立ち入りも認めるべきだという意見が出ているのである。

こうした問題は、宗教的価値観と近代的価値観が対立する典型的な例だと言えよう。宗教伝統がしっかりと根づいて続いてきたからこそ世界文化遺産に指定される。だが、それによって注目を集めることで、宗教文化と世俗的価値観の摩擦が生じるきっかけにもなるのである。

他に聖地が女人禁制《にょにんきんせい》とされるケースとしては、世界遺産の登録の前段階にあたる暫定リストに記載された「宗像・沖ノ島と関連遺産群」がある。これは福岡県に残る宗像大社の信仰を中心とするものである。玄界灘に浮かぶ孤島・沖ノ島は古くから大陸との海上交通の要所であり、同時に島全体がご神体とされ、女人禁制が維持されている。男性の場合も、日露戦争の際の日本海海戦を記念する大祭が行われる五月二七日にのみ、抽選で選ばれた約二〇〇人だけが上陸を許される。

日本以外のこうした事例では、一九八八年に世界遺産に登録されたギリシャのアトス山がある。アトス山には七世紀頃から修道士が住み始め、現在もおよそ一四〇〇人の修道士が禁欲的な生活を送っている。同地はギリシャ国内にあるが、修道士による自治が認められている。そのため、入国手続きが必要となるのだが、厳しい入山者数の制限があり、正教徒の入国が優先され、そもそも女性と子供の入国は認められていない。

斎場御嶽

門田岳久は、沖縄の斎場御嶽《せーふぁうたき》を事例に、世界文化遺産指定がもたらす宗教文化の選別を論じている。第1章で触れたように、御嶽とは、琉球の伝統信仰において特別な儀礼や祭祀を行う聖域のことを指す。中でも斎場御嶽は琉球最高の聖地とされ、最高位の聖職者である聞得大君《きこえおおきみ》によって管理された場所である。

斎場御嶽は、二〇〇〇年に琉球王国のグスク及び関連遺産群の一環として世界文化遺産となった。門田によれば、世界遺産指定の過程において、斎場御嶽に関わる宗教文化は大きく二つに区別された。一つは琉球王国の宮中行事として行われていた東御廻り《あがりうまーい》のような公的な行事である。東御廻りは、かつての琉球王の巡礼であり、のちに庶民も真似をするようになったものだ。そして、もう一つが民間宗教者による実践である。個々の家や個人の願掛け、吉凶判断などを行うユタと呼ばれる霊能者たちによるものである。

斎場御嶽の世界遺産登録に際しては、その宗教性や精神性が強調されたのだが、それは東御廻りのような公的な真正性を持ったものに限られた。ユタによる民間的な宗教実践は、非正統的な存在と位置づけられたのである。さらに言えば、ユタはクライアントのためにしばしば線香などの火気を用いる儀礼を行う。だが、木々に囲まれた文化財である御嶽において、火気使用は消防法に基づいて禁止されるようになった。その結果、琉球の伝統的宗教文化の担い手であるユタが、公共化された聖地にリスクをもたらす存在と見なされるようになってしまうのである。

斎場御嶽の聖所・サングーイ

取得すれば大きなアピール力をもたらす世界文化遺産は、根本的に物としての真正性にこだわる制度である。そのため、現在進行形の宗教性とは相性が良くない。ゲストが自分なりに宗教性を感じとったり、民間宗教者による伝統的な実践が続いていても、それらは物としての裏づけを持たない限り、公的に評価されることは難しい。世界遺産化のプロセスにおいて、宗教文化は商品価値という観点から、行政やユネスコといった世俗の機関に審査される。そして、経営資源・観光資源として価値ある宗教文化か否かが、市場原理によって選別されるのである。

3　宗教文化の編集と変容

四国遍路

世界文化遺産は、基本的には物を基準とする制度である。だが、物や知名度の不足を現在の実践や新たな聖地イメージの構築によって補おうとするケースも見受けられる。こうした傾向は、とりわけ暫定リストに登録された物件や、同リストへの登録を目指す物件において顕著である。

平成二八年度の暫定リスト掲載を中期目標とする「四国八十八箇所霊場と遍路道」世界遺産登録推進協議会（以下、推進協議会）の運動を見てみよう。これは物件名にある通り、四国全体に散らばる八八の札所寺院と、それらをつなぐ巡礼路の世界文化遺産指定を目指す運動である。サンティアゴ巡礼路や紀伊山地の熊野古道と同じく、一四〇〇キロメートル以上の広大な巡礼空間全体の指定を目標としている。

推進協議会はいくつかの部会から構成されるが、その中の「普遍的価値の証明」部会の報告が興味深い。世界文化遺産登録のためには、物件の「顕著な普遍的価値」と「例外的な卓越性」を物によって証明しなければならない。だが、同部会は検討を重ねた結果、物による証明を断念する。

一般道を歩く遍路

四国の札所寺院の中には、愛媛県松山市の石手寺《いしてじ》のように、国宝の二王門、重文の本堂・鐘楼・護摩堂、さらに夏目漱石や正岡子規の落書きもあると言われるお堂を備えた、物による検証に十二分に耐えうる場所も存在する。だが、戦国時代以降の兵火で設備を失ってしまった札所が多い。そのため、四県にまたがる八八の寺院のすべてを物によって世界文化遺産とするのは容易なことではない。その結果、推進協議会は、寺院や遍路道に残る文化財などの有形資産は四国遍路の「不可欠の要因」だが、そこにだけ「本質的価値」を見出すことはできないとしたのだ。

そして、物不足を克服するために今度は「無形の価値」の模索がなされ、その結果として発見されたのが徒歩巡礼である。同部会は「遍路者とは近世から現代まで『歩き遍路』が基本」であり、四国遍路の「中核的価値の形成者」だと位置づける。そして、「歩くという身体的行為あるいは身体的修行によって得られる心の安らぎ、自己認識の深まり、さらには遍路者と弘法大師との『同行二人』という宗教的一体感」を軸に、世界文化遺産としての価値を証明する戦略を提案したのである。

しかし、「歩きこそ伝統的な正しい遍路である」という推進協議会の主張は、歴史的には正しくない。少なくとも、戦後の四国遍路で主だったのは、マイカーとバス・ツアーによる遍路であった（四国遍路の過去と現在について詳しくは、星野英紀・浅川泰宏『四国遍路――さまざまな祈りの世界』を参照）。昭和後期には札所以外で遍路者を見かけることは珍しく、サンティアゴ巡礼と同じように、歩き巡礼者が増えたのは一九九〇年代以降である。

そして、一九九〇年代以降の遍路ブームには、歩き遍路を題材にした映像作品の影響も少なからずあったと思われる。もちろん、それ以前にも四国遍路が重要なモチーフとなる作品は存在する。たとえば、松本清張の『砂の器』が挙げられる。一九六〇〜六一年に新聞連載された小説で、その後、六回映像化されている。同作では、ハンセン病の登場人物が、いわれなき差別と偏見によって郷里を追われ、死に場を求めて行きついたのが遍路であった。つまり、遍路は一般社会と切り離された非日常の世界であり、世俗とは異なる宗教的な秩序や価値観が支配する空間として描かれていた。

それに対して、二〇〇〇年代に入ってからの作品としては、映画『ロード88 出会い路、四国へ』（二〇〇四年）やNHKのドラマ『ウォーカーズ〜迷子の大人たち』（二〇〇六年）がある。ただ、これらは伝統的な遍路の世界を扱っているわけではない。サンティアゴ巡礼を扱った本や映画と同様、弘法大師への信仰を特に持たない人々の遍路を描いた作品である。タイトルからうかがえるように、巡礼の道中で出会う人々との交流を通じた気づきを主題にしている。

これらの作品は製作者のイメージや想像力によるところが大きく、必ずしも四国遍路の実態をすべて反映しているわけではない。ただ、五〇年を経ることで、四国遍路に対するイメージが、日常とは隔絶された宗教世界というものから、比較的容易に参入できる観光的空間へとシフトしたことが読みとれるのである。

他方、サンティアゴ巡礼との大きな違いを指摘しておけば、四国遍路の場合、歩きが増えたと言っても、その数は年に数千人程度だと見積もられている。世界中から毎年二〇万人近くの巡礼者が集まるサンティアゴと比べると、決して多い数字とは言えないだろう。推進協議会や映像作品では歩き巡礼を遍路のイメージの中心に据えているが、実態とはかけ離れているのである。

ここで筆者が強調したいのは、世界遺産化運動の中で歩き遍路が再発見され、それが伝統的かつ本質的な巡礼として提示された点である。それまで地域の文脈に埋め込まれ自明視されてきた宗教資源が、世界文化遺産という国際的な基準にさらされる。その結果、宗教文化の何を強調し、どこを背景にするのかという編集・選別が行われる。地域固有の文脈に埋め込まれていた四国遍路の宗教資源が発見され、世界遺産という別の文脈に移される過程で加えられる加工が興味深いのである。四国遍路の場合、他の世界文化遺産とは異なり、具体的な物はどちらかと言えば背景にしりぞき、徒歩を通じて得られる宗教的な体験や意識など、より現代的な宗教性に光があてられているのである。

すでに見たように、世界文化遺産の文脈では、物として示すのが困難な現在進行形の宗教文化や実践は排除される傾向が強い。だが、推進協議会の運動は、まったく逆の戦略をとっている。物による登録が困難なため、少数派による現在進行形の歩き遍路が価値の中心に据えられた。おそらく今後の運動の過程で、歩き遍路のイメージはさらに強調されるだろう。そして、巡礼者のための道や設備も拡充されるにつれて、四国遍路にも、サンティアゴ巡礼と同じような傾向が出てくるように思われる。まだ少数ではあるが、海外からの巡礼者も見受けられ、いくつかの巡礼記も出版されている。そうした意味で、世界遺産登録の成否にかかわらず、四国遍路の事例は、現代の宗教文化の位置づけを考える上で興味深いものと思われる。

長崎の教会群

次に、宗教学者の木村勝彦と山中弘、文化地理学者の松井圭介らが注目する「長崎の教会群とキリスト教関連遺産」の事例を見てみよう。同物件は、二〇〇七年に政府の暫定リストに記載されたのだが、特に島嶼部の五島列島においては、世界遺産運動にともなう宗教資源の編集のプロセスが鮮明にあらわれている。

歴史的に見て、長崎は日本におけるキリスト教文化の受け入れ窓口であった。そして現在も、国内有数のカトリック信者数を持つ県である。二〇一三年の統計によれば、長崎教区の信者数はおよそ六万人で、国内一六教区のうち東京教区の九万八〇〇〇人に次ぐ第二位である。特に人口に対してカトリック信者が占める割合である信者率を見ると、他の一五教区が〇・一%から〇・五%であるのに対し、長崎教区は約四・四%と圧倒的な数字を誇っているのである（『カトリック教会現勢2013年1月〜12月』）。

一方で、一五五〇年のザビエルによる平戸布教に始まる長崎県のカトリック史は弾圧の歴史でもあった。安土桃山時代の豊臣秀吉のバテレン追放令（一五八七年）、二十六聖人殉教（一五九七年）、徳川幕府の禁教令（一六一二年）といった禁教政策が明治期まで続いたのであった。そして、これらの苦難を乗り越える中で、独特の宗教風景が形成されてきた。数百年の禁教と迫害が続いたため、長崎のカトリック信徒は、潜伏して自分たちの信仰を隠さなければならなかった。一部の信徒たちは仏教徒を装い、聖母マリアに見立てた観音菩薩像を用いて祈った。また別のグループは、自分たちの閉じたコミュニティだけで信仰を伝え続け、その結果、カトリックとは異なる土俗化した信仰世界を作り出したのであった。そして、一八七三年、明治政府によって禁教令が解かれると、潜伏時代に信徒たちが集まった場所に教会が建てられたのである。

こうした歴史の結果、長崎教区は全国一位の一三四の教会を有し、五島列島だけで五〇もの教会が存在している（東京教区の教会数は七九、横浜教区は九六）。注目したいのは、これら教会群の地理的条件である。五島列島は九州の最西端に位置し、現在でも島へ渡ることも決して容易ではない。さらに、建てられた教会の多くは、潜伏した信徒たちの礼拝場所であったため、五島列島の中でも辺鄙《へんぴ》な山奥や岬の突端に位置している。

五島列島の教会群は、現在でも、地域の信徒の祈りの場であり続けている。世界遺産化運動を展開する以前は、地域の文脈に完全に埋め込まれたままの聖域であった。だが、二〇〇三年頃から、県やカトリック教会が世界遺産登録を目指して運動を展開する中で、さまざまな取り組みがなされるようになる。そしてその過程において、五島の教会群は観光のための宗教資源として、新たな価値を与えられてゆく。

観光の文脈から見れば、五島列島の教会は、地元出身の建築家・鉄川与助（一八七九〜一九七六）の手による日本と西洋の建築様式の融合した教会建築が評価される。鉄川自身は仏教徒であったが、宣教師ド・ロ神父から西洋建築について学び、長崎の教会群の三分の一以上を設計・施工したのであった。こうした来歴から、前節で見た他の物件と同じように、長崎教会群の世界文化遺産としての価値は、基本的には物を通じて主張される。残された教会群は、日本と西洋の文化交流の遺産であり、長い禁教の後の開国という一九世紀のグローバル化の物的な証拠だというわけである。

長崎の頭ヶ島天主堂

一方で、カトリック信徒にとって、教会群は何よりも信仰の強さのシンボルである。信徒にとっては、教会は単なる美しい建築物ではない。これらの教会群は、明治政府によって禁教が解かれた後、現在の信徒の先祖や宣教師が私財を投じて費用を工面し、労働奉仕として自分たちも建設作業に加わることで作られた。五〇〇年以上の弾圧を耐え忍んできた先祖の苦難の象徴なのである。

そして、長崎教会群の事例が興味深いのは、右のような物としての価値と信仰としての価値を架橋するように、新たな聖地巡礼が作られたことである。NPO法人の長崎巡礼センターが主体となって、点在していた教会群を一つの聖地ネットワークとして結びつけ、四国遍路をモデルに各教会を札所に見立てた「ながさき巡礼」が創出されたのである。

サンティアゴ巡礼を参考に巡礼手帳も作られ、互いに離れ離れであった五〇もの教会がつながれた。新たに養成された巡礼ガイドによるツアーが企画され、点在する教会群が巡られるべき一つの世界として作り直されたのである。長崎巡礼センターの公式サイトには、「教会堂を訪れるあなたへ」という次のような文章が掲載されている。


教会堂は「祈りの場」。そのことさえご存知なら、あなたは巡礼者。

中に入ったら、あなたがカトリック信徒でなくても、静かに座って目を閉じてください。

そして、しばらくしてから、そっと目を開けてください。

〔中略〕

何をお祈りしてもかまいません。心に何か生まれてきませんか。

帰るとき、外からもう一度振り返って、教会堂の正面を観てください。

そして入る前と今では、何か変わっていませんか？

それがきっと、あなたの「巡礼」です。

同センターは、カトリック教会の大司教の立ち会いの下で開所された組織である。だが、右の文章からうかがえるように、ながさき巡礼をカトリックの教義の観点からコントロールしようとする意図は、それほど見られないのである。

従来、伝統的なカトリックの巡礼は、教会によって巡礼のやり方が細かく規定されてきた。たとえば、フランスの聖地ルルドが聖母出現一五〇周年を迎えた二〇〇八年には、次のような免償規定がカトリック教会によって公表されている。

二〇〇七年一二月八日から二〇〇八年の同日まで、ルルドの次の場所、1．ベルナデッタが洗礼を受けた小教区の洗礼堂、2．「カショ」と呼ばれるスビルー家の家、3．マッサビエルの洞窟、4．ベルナデッタが初聖体を受けた養護施設の礼拝堂を、できればこの順序に従い敬虔に訪れ、各所で適切な祈りの時間をもち、その中で信心深い黙想を行い、主の祈りと信仰宣言（クレド）、そして記念年の祈りまたは聖母への祈りを唱えて締めくくる。

免償とは聞きなれない言葉であるが、簡単に言えば、右の規定通りに巡礼を行えば、カトリック信者として犯した罪の一部が赦されることを指す。つまり、カトリック信者にとっては、この免償規定は、教会公認の巡礼マニュアルなのである。一定の期間内に、教会が決めた順番通りに聖所を回り、そこで教会が定めた形の祈りをするのが正しい巡礼になると言っているのである。

こうした伝統的なカトリックの巡礼のあり方と対照させると、ながさき巡礼においては、信仰なき巡礼者たちのあり方が好意的に許容されていると言えるだろう。実際、長崎に行くゲストの多くは観光客として教会群を訪れ、その地で自由に祈る。世俗化と私事化が進展する現代社会においては、教会と聖地はカトリックと関わりのない人々にも開かれ、そこでどのように祈るかも個々人に任される。そして、長崎の教会群においては、世界文化遺産という非宗教的な組織による認定を目指した結果として、こうした宗教的な変化が生じたのである。

巡礼と観光の融合と言っても、単に宗教文化の一部が観光に利用されるだけではない。観光の文脈と宗教の文脈が結びつくことで、観光客が新しい意味での宗教性を意識し始め、宗教側もそれに対応しながら変化するのである。

モン・サン＝ミシェル

こうした聖俗の交差がもたらす宗教変容は、日本だけのことではない。海外の事例として、フランスを代表する観光地モン・サン＝ミシェルにも触れておきたい。サン・マロ湾に浮かぶこの島には、古くからの修道院が残されている。同地は、孤島の断崖の上に建つ姿の美しさから「西洋の驚異」とも称される。一九七九年に「モン・サン＝ミシェルとその湾」として世界文化遺産登録され、毎年世界中から多くの観光客が詰めかけている。

モン・サン＝ミシェル

このように書くと、モン・サン＝ミシェルは、いかにも伝統的な巡礼地であるように思われるだろう。だが、事実は異なる。修道院としての歴史は、フランス革命の時に一度途絶えている。革命の結果、修道院は、孤島という条件を生かして監獄に転用されたのである。現在、モン・サン＝ミシェルを訪れると修道士や修道女の姿を目にすることができるのだが、実は、彼らは二〇世紀に入ってからできたエルサレム修道会のメンバーである。

一九七五年に創立されたエルサレム修道会は、世俗化によって生み出されたグループだと言える。創立者のピエール＝マリ・デルフィユ（一九三四〜二〇一三）が目指したのは、都市の中での宗教性の再発見であった。めまぐるしい現代社会を生き、時に旅行者として教会を訪れる人々に対して祈りや信仰を考え直す機会を与えようとしたのである。

そのため、一般的に修道院は都市から離れた環境に作られるが、エルサレム修道会の場合、パリの中心街マレ地区にあるサン・ジェルヴェ教会を拠点とする。そして、同会が管理する教会・修道院も、大都市や観光地に立地するものが多い。モン・サン＝ミシェル以外には、やはり世界遺産に指定されているストラスブールやヴェズレー、フランス以外ではローマ、フィレンツェ、ブリュッセル、モントリオールなどである。

エルサレム修道会のメンバーがモン・サン＝ミシェルに関わるようになるのは二〇〇一年からのことである。同地を管轄する司教の求めに応じて、モン・サン＝ミシェルの修道院としての風景を取り戻すために、エルサレム修道会のメンバーが移り住んだ。ただし、修道院の建物や資産はあくまで国家に属すため、フランス政府によって管理されている。つまり、エルサレム修道会のメンバーは、世界的な観光施設で各国からの観光客の視線にさらされながら暮らしているのである。こうした伝統的な修道院のイメージとはまったく異なるエルサレム修道会のあり方も、宗教と観光の融合がもたらした変化の一つと考えてさしつかえないだろう。

社会の中に位置づけ直される宗教文化

さて、本章では、世界文化遺産の制度に注目しながら、現代社会における宗教と観光の融合について考えてきた。多くの事例に見られたのは、非宗教的な組織であるユネスコの設けた世俗的な基準を意識して、宗教が変容を遂げていることである。地域や個人の信仰や宗教文化が、その普遍的価値を証明するために、伝統の一部をそぎ落としたり、あるいは新しい伝統やイメージが作られている。

世界文化遺産に登録されることは、ローカルなものが否応なくグローバルな基準から審判を受けることである。ローカルではその価値が自明視されていたものも、他のローカルなものとともに俎上《そじょう》に載せられ比較されてしまう。多くの場合、世界文化遺産の物件はいくつかの資産から構成される。そして、国や自治体が推薦した時に含まれていた資産が、ユネスコの審査を受ける過程でその価値を十分に証明することができず、構成資産から外されてしまうことも珍しくない。その意味では、本章で述べてきた宗教文化の選別と編集のプロセスは、ある種の暴力性をともなうものである。

ただし、これは単に宗教文化が観光用の商品として加工され、販売されているということではない。宗教と観光が融合しながら、従来とは異なる仕方で互いを位置づけ直し、新しい距離感を持って存在し始めているのである。世俗化社会においては、宗教が支配的な文化や価値観として社会の前面に登場することはない。多くの人々にとっては、宗教は実存的に深く関与する対象ではなくなっている。

こうした状況においては、世界文化遺産制度は、宗教が社会の中に新たな位置取りをするための重要なルートになっている。世俗の基準と評価を意識しながら、宗教は、見るに値すべき文化として再び価値を与えられているのである。

第4章　作られる聖地——なぜ偽物が本物を生み出すのか

本章では、青森県三戸《さんのへ》郡新郷《しんごう》村の事例を中心に取り上げる。一九三〇年代、村に突如としてキリスト渡来伝説がもたらされ、続いて「キリストの墓」が発見された。当然ながら、伝説があまりに荒唐無稽であるため、新郷村とキリストの墓はしばしばB級観光地として冗談半分に語られる。

歴史的・宗教的な観点から考えた場合、キリストの墓を本物と受け止めるのは難しい。しかし、歴史的にはフェイクであるにもかかわらず、地元の人々の語りからは、墓に対する独特の感情が読みとれる。つまり、客観的には明らかな偽物であっても、その場所に関わる人々の主観においては、本物の聖地となるのである。

この事例は、ある場所が本物とされるか偽物とされるかを考える際、その場所に対する意識や体験が重要であることを示しており、私事化が進む現代社会の聖地巡礼を考える上で重要な手がかりとなる。

1 新郷村とキリスト湧説

『竹内文書』とキリストの墓

新郷村（旧戸来《へらい》村）は青森県南地域に位置する。八戸市から十和田湖へと続く国道四五四号線を西へ三〇キロ程進んだ場所に東西に長く広がる村である。村に信号機は一つしかなく、人口は一九七〇年代の五〇〇〇人弱をピークに減り続けている。二〇一五年一月現在で二七四七人（九四一戸）となっている。この小さな村に伝わるキリスト伝承は偽書として名高い『竹内文書』に由来する。

『竹内文書』は、天津教《あまつきょう》を興した宗教家・竹内巨麿《きよまろ》（一八七五〜一九六五）の家に代々伝えられてきたとされる古文書で、天津教の聖典とされる。巨麿によれば、『竹内文書』には正史が語らない真の歴史が書かれている。一九一〇年に公表されたが、実際には、『竹内文書』のほとんどは、巨麿自身の手による創作物だと考えられている。その内容は多岐に渡るが、文書の根底には、「日本は世界に存在するすべてのものの根源的流出者である」という世界観が横たわっている（久米晶文『「異端」の伝道者 酒井勝軍』）。

たとえば、『竹内文書』によれば、ニューヨークやボストンといった世界の大都市は、数千年前に日本から世界に散った兄弟たちによって建設され、都市名に彼らの名前の名残があるという。あるいは、釈迦、孔子、孟子、モーセといった世界史に名を残す宗教家や思想家たちは、みな若い頃に日本で修行したとされる。

『竹内文書』の世界観は、一九三〇年代、日本と英米間の政治的緊張感が高まる中で醸成された。近代以前の日本が長く劣等感を覚えてきた中華文明、そして近代以後は日本が常に後塵を拝さなければならなかった欧米文化の根源が実は古代日本にあったと主張することで、優劣関係を転倒させる意図が見出せる。こうした日本が世界の文化・文明の水源であり、日本こそが世界の盟主であるという歴史観をさらに強く打ち出すために作り出されたのが新郷村のキリスト渡来説である。そして、その物証として発見されたのがキリストの墓であった。

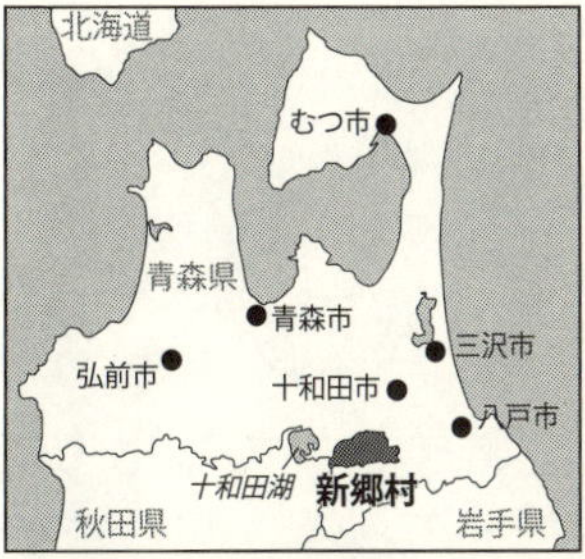

青森県三戸郡新郷村

墓の発見

一九三四年一〇月、当時の戸来村村長・佐々木傳次郎の依頼に応えて、鳥谷幡山《とやばんざん》（一八七六～一九六六）が十和田湖周辺の調査紀行に訪れる。青森県七戸町出身の鳥谷は、東京美術学校で寺崎広業や橋本雅邦に学んだ日本画家であった。郷

新郷村のキリストの墓

里に近い十和田湖を好んで題材にし、「十和田湖大観」「十和田勝景画譜」などで知られていた。

当時、十和田湖周辺の国立公園指定の動きがあり、佐々木は村おこしの広告塔として文化人の鳥谷を引き込むために呼んだのであった。しかし、佐々木の目論見ははずれてしまう。

『竹内文書』に親しんでいた鳥谷が戸来村で行ったのは、太古に村の付近に「神都」があったことを実証しようとする調査であった。そして、鳥谷は大石神《おおいしがみ》ピラミッドを発見する。

鳥谷が戸来村を訪れる半年ほど前、やはり『竹内文書』の影響を受けた酒井勝軍《かつとき》（一八七四～一九四〇）が広島でピラミッドを発見し、新聞報道もされて大きな話題となっていた。『竹内文書』では、日本にエジプトのものより古いピラミッドが七つあるとされ、鳥谷は大石神ピラミッドもそのうちの一つだと考えたのである。

鳥谷の要請を受け、一九三五年八月にピラミッドについてさらに詳しく調べるため、巨麿が戸来村を訪れる。実地検分の結果、大石神が間違いなく古代のピラミッドであると確定される。そして、インスピレーションに導かれた巨麿は、近くの小山にあった土饅頭がキリストの墓だと主張したのである。

村には発見当時から現在に至るまでキリスト教徒はおらず、潜伏キリシタンの伝承なども伝わっていない。伝説の由来すらなかった村に、突然外部から伝承が降って湧いたようにもたらされたため、キリスト湧説《ようせつ》と呼ぶ人もいる。二〇一四年現在、鳥谷や巨麿たちを直接目撃した世代の人は村にほとんどいない。だが、伝え聞いた話として、巨麿たちの来村の記憶が今でも語られる。巨麿たちは、当時極めて珍しかった黒塗りの車数台で現れた。そして調査後、十和田湖まで抜けようとしたが道が悪く引き返したという。

巨麿たちの来村が語られる時には、たいてい「黒塗りの車」という表現が用いられる。当時、『竹内文書』の歴史観に一部の学者・軍人・政治家などが強く共感しており、おそらくそうした人々が同行していたのだろう。現在よりもはるかに隔絶された環境にあった村に得体の知れない人々がやって来て、昔からあった場所が唐突に世界的な宗教家の埋葬地だと名指された時の驚きの大きさがうかがえる。

キリスト湧説

新約聖書には、キリストの生誕から三〇代以降の宗教活動を始めるまでの期間については書かれていない。実は、その間に来日し修行していたというのが、『竹内文書』から生まれた湧説が伝えるキリストの生涯である。

キリストは、二一歳の時、現在の能登半島に上陸する。そこで天国《あまつくに》の言葉である日本語を学び、神学修行に勤《いそ》しむ。そして三三歳の時にイスラエルへ戻り、日本で学んだ教えを説く。だが、それがユダヤの長老たちの怒りを買うことになり、逮捕されて十字架刑を宣告されてしまうのである。

しかし、その時に処刑されたのは弟のイスキリであり、キリストは弟子と東へ落ち延びていた。キリストは、シベリアを経て八戸から日本に上陸する。最終的には現在墓のある戸来村沢口に居を定めた。そして十来太郎大天空《とらいたろうだいてんくう》と改名して、ミユ子という二〇歳の女性と結婚して三女を育て、一〇六歳で没したとされる。亡くなるまで各地を遊行し、それが東北各地に残る天狗伝説となったともされる。

『竹内文書』は一九三五年以降の天津教弾圧をきっかけに、その多くが失われてしまう。文書の内容が神武以前の歴史を語っていたことや、文書とともに長慶天皇や後醍醐天皇の真筆を所持していると巨麿が主張したこともあり、弾圧されたものと考えられる。巨麿は、不敬罪で起訴され、終戦間近に最終的に無罪判決を得るものの、文書が保管された裁判所が空襲にあって焼失してしまう。こうして、終戦後、しばらくはキリストの墓に目が向けられることはなかったようである。

戦後のキリストの墓

村の七〇代の女性によれば、幼い頃に遠足でキリストの墓を訪れたが、現在あるような十字架もなく、藪をかき分けた先に土饅頭が二つ並んでいただけだったという。また、村の職員が村おこしのためにキリスト伝承に関わる物品提供を頼んで回った際、戦前戦中を村で過ごした世代の人には、英米の宗教の祖であるキリストの墓がある村の者として嫌な目にあったためか、一切関わりを持とうとしなかった人もいたという。キリストの墓に再び光があたり始めるのは、一九七〇年代のオカルト・ブームを経た後である。

この時期にキリストの墓を取材したものとして、『毎日グラフ』（一九七三年一二月二三日号）がある。「キリストは日本で死んだ」というタイトルが付けられ、『竹内文書』に基づくキリスト湧説が紹介されている。そして、古くから村にある習俗が、キリスト渡来と関係づけられて解釈されている。子供を初めて屋外に出す時におまじないとして額に墨で十字を書く風習、ハラデと呼ばれる農作業時の独特の服装、ヘブライ語で読解できるとされる村に伝わる盆踊唄ナニャドヤラといった村の慣習が大判の写真とともに紹介されている。

注目すべきは、この記事がすでに荒唐無稽な伝承を面白半分に紹介するトーンで書かれていることである。村にはキリスト教徒がいないことが冗談めかした文章で描写される。そして、記事に登場する村人のインタビューも、「村人は誰もキリスト伝承を信じていない」といった論調で占められているのである。

2 観光資源となった奇祭

霊を慰め、踊る人々

二〇〇〇年頃からキリストの墓の周囲は、「キリストの里公園」として整備される。園内の一番高台になっている場所に、二つの土饅頭が並んでいる。一方はキリストの墓である十来塚《とらいづか》、もう一方が弟でキリストの身代わりとなったイスキリの遺髪などを収めた十代墓《じゅうだいぼ》とされる。もちろん新約聖書には、イスキリは登場しない。

公園には、村が出資する公社が運営する「キリストの里伝承館」も建設されている。伝承館の展示には村の民俗や生活習慣に関するものもあるが、「キリストの遺書」をはじめとして、『竹内文書』から生まれたキリスト湧説に関わるものが多い。

墓の向かいには、公園の土地提供者である沢口家の墓地がある。湧説によれば、沢口家がキリストの子孫だとされる。伝承館には沢口家の先祖の写真もパネル展示され、日本人離れした彫りの深い顔立ちが、キリストの子孫の証の一つだと説明されている。

キリストの墓にもっとも多くのゲストが集まるのは「キリスト祭」の時である。キリスト祭は、一九六四年、戸来《へらい》三嶽《みたき》神社宮司の主導の下で始められた。当初は商工会中心に運営されていたが、現在では村の観光協会主催で、毎年六月第一日曜日に開催されている。村長が大祭長となり、キリストの子孫とされ墓主でもある沢口家当主や村の観光協会会長も臨席する。

キリストの里伝承館

正統的なキリスト教の教義では、キリストは復活の後に昇天したと説かれる。そのため、キリストの霊を慰めるという発想はないが、キリスト祭は慰霊祭として神式で進められる。式次第は時期によって多少の異動はあるが、神主による祝詞《のりと》奏上の後、国会議員・県議・市議など来賓による祝辞と玉串奉奠《たまぐしほうてん》となる。続いて、村に伝わる伝統芸能の田中獅子舞が奉納される。その後、キリストの墓を題材に投稿された短歌の表彰式が行われ、クライマックスは、村の女性たちがキリストの墓の周りで

墓の周囲でのナニャドヤラ

ナニャドヤラを奉納する。全体で八〇分ほどの祭りだ。

ナニャドヤラは、旧南部藩領内に相当する青森県南部から岩手県・秋田県の北部にかけて伝わる盆踊り唄である。地域ごとに節回しや用いる楽器は異なる。意味は不詳の「ナニャドヤラ・ナニャドナサレノ・ナニャドヤラ」という歌詞とともに受け継がれてきた。

歌詞の解釈については、「恋の歌」とみなした柳田《やなぎた》國男《くにお》（一八七五〜一九六二）の見解など諸説があるが（「清光館哀史」『文藝春秋』大正一五年九月号）、キリスト祭では、ヘブライ語由来説がアナウンスで紹介される。これは岩手県出身の神学博士・川守田英二（一八九一〜一九六〇）が、『日本ヘブル詩歌の研究』で唱えたもので、ナニャドヤラの歌詞をヘブライ語で読むと、エホバの神を讃える歌として意味をなすという主張である。

新郷村のナニャドヤラは、村民の減少にともなって舞い手もいなくなり、存続の危機にあったという。しかし、キリスト祭という披露の場が確保されたことで芸能保存会が結成されるようになり、今に伝わっている（山田巌子（監）『新郷の民俗』）。第五〇回の祭では、通常の慰霊祭の後に、八戸市など村外のナニャドヤラ保存会九団体が集まり、ナニャドヤラの祭典が行われた。また、村が制作したナニャドヤラの解説と音源を収めたCDや、他のアーティストによるナニャドヤラのボサノバ・リミックス、テクノ・リミックスの音源も販売されている。

観光資源としてのキリストの墓

キリストの墓は、新郷村の唯一とも言える観光資源である。また、通常の神社の例大祭はかつての行政区分にしたがって西越《さいごし》三嶽神社と戸来三嶽神社で別々に行われるため、キリスト祭は、全村あげてのイベントとしてはもっとも歴史が長いものでもある。村内よりも村外から訪れる人が多く、多い時には一〇〇〇名ほどの参加者がいる。前述のように村の人口は三〇〇〇人に届かないが、ふるさと活性化公社によれば、年間観光客数は一万人を超えており（三分の一は外国人観光客）、そのほとんどがキリストの墓を目的としている。

村の産業建設課内の商工観光グループ発行による観光ガイドの表紙にも、キリストの墓、キリストの遺書、墓の周りでのナニャドヤラの写真が用いられている。そして、「歴史のロマンとキリストの里」「神秘の里への誘い」というキャッチコピーがつけられている。

さらに青森県自体が、二〇一一年から「癒し」をキーワードにして、「美知《みち》の国」というキャッチフレーズを用いている。そして県内のミステリーゾーン二一ヵ所とパワースポット三七ヵ所を選び出してパンフレットを作成した際には、キリストの墓はミステリーゾーンの一つとして掲載された。

このように、キリストの墓と祭は、偽史に始まりオカルト・ブームと村おこしの中で展開してきた観光施設である。村は、キリストの墓以外にも観光戦略として伝説・伝奇をとり入れている。たとえば、キリストの墓に先立って鳥谷と巨麿が発見した大石神ピラミッドである。

大石神ピラミッド

大石神ピラミッドは巨岩からなる丘陵で、キリストの墓から西へ車で一〇分ほどの山の中にある。村が設置した解説板では「ピラミッドの権威者」として酒井勝軍のお墨付きが紹介され、太古にあった神都を偲ぶ場所として説明される。巨岩にはそれぞれ立て札も設置されており、東西南北に正確に割れている方位石、北極星を指し示す星座石などがある。

村のさらに西には、巨磨が「日本最古のピラミッド」「古代の太陽礼拝のための神殿」と主張した十和利山《とわりさん》もある。その登山口にある迷ヶ平《まよがたい》はかつてエデンの園だったという伝奇もあるが、これは山根キク（一八九三〜一九六五）の説に基づく。山根は大正期の婦人参政権運動で活躍した人物だ。一方で、『光りは東方より』（一九三七年）、『キリストは日本で死んでいる』（一九五八年）といった著作で、巨磨の活動の影響も受けながら戸来村のキリスト伝説を広めたことでも知られる。

3　フェイクが生み出す宗教文化

珍スポットか、パワースポットか

新郷村のキリストの墓と伝承は、一貫してオカルト的な想像力と嗜好に支えられてきた。一九七〇年代のブーム以降も無数の雑誌で取り上げられ、しばしば伝奇的な小説やマンガの題材にもなっている。小説としては斎藤栄『イエス・キリストの謎』（一九七四年）、高橋克彦『竜の柩』シリーズ（一九八九〜二〇〇六年）などがある。エッセイ旅行記としては、みうらじゅん『郷土ＬＯＶＥ』（二〇〇九年）、小坂俊史『わびれもの』（二〇一〇年）などがある。

また、二〇〇〇年代以降、個人がネットを通じて、自分の旅情報を公開することが一般的になる。それにより、いくつものウェブサイトで、キリストの墓はB級観光地や珍スポットとして言及され、キリスト祭は奇祭として取り上げられるようになった。いずれにしても、キリストの墓は、歴史的・宗教的な真正性とは無縁のものとして扱われてきたのである。

他方、少数ではあるが、キリストの墓にある種の真正性を見出すゲストもいる。祭の日に限らず、墓の前でパワーをもらう舞を踊る人々や、伝承館の前に置かれたピラミッド模型の中で瞑想する人々が存在する。こうした人々は、キリストの墓をパワースポットのような形で受け止め、そこに何かスピリチュアルな力があると感じているのだろう。

墓からエネルギーをもらうゲスト

近年、キリスト祭の日には、墓へ上がる階段の両脇が花で飾られる。この花は、毎年、県外のある女性から送られてくる。この女性は、かつて大病をした時、治癒を願って世界中の聖地を回ったが効き目がなく、最後に新郷村のキリストの墓にお参りしたところ、病気が治ったという。それ以来、感謝をこめて、キリスト祭の日に花を送っているのだ。

このエピソードは、キリスト祭の中でも毎年アナウンスによって紹介される。ここでは、キリストの日本渡来説が信じられているかどうかは別として、キリストの墓に何か宗教的・神秘的なものが感じ取られている。

とはいえ、全体として見た場合、聖地観光としてのキリストの墓に見られる最大の特徴は、ホストもゲストもその歴史的・宗教的な真正性を強く主張しないことにある。多くのホストは、戦前に突然外部から伝説を与えられ、戦後はそれを観光資源として流用してきたことに自覚的である。キリスト祭も慰霊祭の形式をとっているが、来賓の祝辞のほとんどは「本日は誠におめでとうございます」などの言葉でしめくくられ、祭の最後はリンゴ・ジュースの乾杯で終わる。全体的な祭の雰囲気としては、伝奇が生み出した祝祭空間をあえて楽しむものだと言えるだろう。

しかし、ホストの人々が墓や祭を観光開発・観光客誘致のための商業的施設と割り切っているかと言えば、そうではない。一部のホストの語りには、墓に対する情緒的な結びつきが見出せるのである。

観光が再生する伝統

まず注目したいのは、キリスト祭が村の民俗芸能に与えた影響である。村外からのゲストの多くは、オカルト的な奇妙なアトラクションと、それを信じるホストたちの奇祭を見るために訪れる。だが実際には、キリスト祭は冒頭のキリストへの祝詞奏上を除けば、それほど奇祭という感じはしない。そして、そのことに落胆するゲストは少なくない。

祭の進行を良く見てみると、キリスト祭においてもっとも時間をかけて披露されるのは田中獅子舞とナニャドヤラという民俗芸能である。前述のように、ナニャドヤラは後継者が減少していたが、キリスト祭をきっかけに保存会が結成された。田中獅子舞も、戸来三嶽神社の大祭で奉納されていたものが、キリスト祭で行われるようになった。つまり、従来これらの民俗芸能は外部のまなざしにさらされることはなかった。だが、キリスト祭というフェイク・イベントをきっかけに活性化され、可視化されたのである。その意味で、キリスト祭は、民俗芸能を観光文化へと変容させたと言える。

この点を考える際に興味深いのが、村長のインタビュー記事である。その中で村長は、『キリストの墓』にちなんで、地元の女性団体が「ナニャドヤラ」という盆踊りを創作したときには、村が太鼓を買って応援しました」と語っている（笹川スポーツ財団「行政と村民一体となり村おこしを」、傍点は引用者による）。

前述のように、後継者不足ではあったが、ナニャドヤラは新郷村に古くから伝わる民俗芸能である。だが、村長の発言は、事実誤認というよりも、キリスト祭というイベントをきっかけに、ナニャドヤラがホストにとっても創作と感じられるような大きな展開を見せ、それを取りまく地元の人々の意識にも変化があったこととして理解できるだろう。

伝承そのものへの愛着

祭のスタッフとして働く村の職員や、地域振興を目指す有志団体のメンバーといったホストの話からは、キリストの墓がある場所への愛着を読み取ることができる。村に住む人々の会話では、墓がキリストのものでないにせよ、そこに「誰か大切な人が葬られている」ことが強調される。巨麿の発見以前から、同地が村にとって大切な場所だとされてきたことを忘れてはならないというのである。

祭を取り仕切る戸来三嶽神社の神職によれば、墓の主が誰であったとしても、その霊を慰めることは重要であり、そのために毎年慰霊祭という形でキリスト祭は行われている。そして、万が一、墓に祀られているのがキリストであったとしても、八百万の神を擁する神道にとって何ら問題はないというのである。

祭でスタッフとして働く村職員は、キリスト祭が神式で行われるのは「仏さまより神さまの方が偉いから」だと語る。神主は村でベットウと呼ばれ、修験者の末裔とされる。ベットウは村の中で一番格が高いため、祭の主宰にふさわしいという。そして、墓の主はキリストだとは思わないが、葬られている人は広い意味で村の先祖であり、古くから続けられてきた供養を絶えさせてはならないというのである。

これらの語りからは、ホストにとって、キリストの墓は単なる観光用の集客装置ではない様子がうかがえる。墓や伝承の歴史的な真偽は問題でなく、先祖から受け継がれてきた場所そのものに愛着があるのだ。こうした傾向を示すものとして、ある新聞記事へのホストたちの反発が挙げられる。

二〇一二年に掲載されたその記事では、地形からキリストの墓の周辺は蝦夷の城館があった場所だと比定される。そして、それゆえ墓の主は中央王権に反抗し、この地の独立のために命がけで戦った「まつろわぬ者」だと推理される。さらに、キリストもユダヤ教徒から異端視されたまつろわぬ者であり、キリスト祭の祈りは「蝦夷への祈りへと通じている」と結論される。記事末尾には記者によるキリスト湧説の簡単な紹介も付されているが、その文章は「勝手に『キリストにされた者』は草葉の陰で何を思っているのだろう」と結ばれるのである（高橋大輔「「まつろわぬ者」蝦夷への祈り」『朝日新聞』二〇一二年五月一二日）。

この記事に対しては、多くのホストから、一方的だ、強引だといった批判が聞かれた。興味深いことに、ほとんどのホストはキリスト伝承が湧説だと認識している。そして、歴史的に見れば、蝦夷説の方が無難だと理解している。しかし、それにもかかわらず、同記事には多くの批判があったのである。あるホストは記事について次のように語ってくれた。

私は小さい頃からあそこを「キリストの墓」と聞いて育ちました。今さら急に「蝦夷の城館」と言われてもピンと来なかった。住民にとっては、あそこはキリストの墓に違いないのです。自分たちのルーツが蝦夷だということを理解しているつもりですが、あそこの地名はキリストの墓以外にないのです。地図にもそう書かれてあるし。

また、土器が発見されているのは伝承館の上の高台の方。「舘《たて》」と呼ばれていたのは事実で、だから城館はあったのでしょうけど、墓の土饅頭の場所から土器発掘現場は離れている。しかも土饅頭の方が低位置になる。今年初めて訪れた村内の集落の墓地に、キリストの墓を彷彿とさせる二個の盛り土がありました。地区住民の墓石は、やはりその盛り土の下方に建てられていました。自分たちの先祖の墓はへりくだった場所に建てたわけです。

このことを考えると、現キリストの墓より高い場所に城館を築いたとすれば、もともとこの土地の人間ではない外から来た人ということになります。「偉い人が葬られているから大切にしなさい」と先祖代々言われてきた。その場所より高いところに居宅を構えるなど、地元の人にはできません。館を構えた主が自分の家族を葬ったとして、家より低い位置に墓を築くことも考えにくい。こういう先祖を大切にする考え方をないがしろにして書かれてある。

この語りからは、ホストにとって重要なのが、キリスト説と蝦夷説の歴史的な正しさではなく、村で伝承が受け継がれてきた事実そのものであることが見えてくる。蝦夷説がホストから反発を受けたのは、歴史的観点からではなく、そもそも、そうした伝承が村に伝わっていなかったからなのである。

村の観光振興に取り組む県職員によれば、キリスト祭は、ナニャドヤラや田中獅子舞といった民俗芸能の披露の場である。そして、すでに五〇年継続してきた祭自体が、一種の伝統のようにとらえられていると語る。ホストにおいては、墓や祭の内容は問題ではなく、それらが伝達されてきたという形式が先祖とのつながりを示すものとして重視されているのである。

学術的に見れば、キリストの墓は偽物と判定される。だが、ホストにとっては、キリストの墓の学問的な真偽は重要ではない。自分たちの先祖とのつながりを体感でき、地域のアイデンティティの拠り所である点で、同所は聖地なのである。前述のホストたちの血縁や地縁を意識した語りに注目すれば、キリストの墓は、先祖と縁を結ぶ場所であるからこそ本物の聖地であり、縁的真正性を備えていると言うこともできよう。

このようなキリストの墓を巡るホストの意識は、地域への帰属感や共同体意識といった共同性のあり方を考える上でも興味深い。社会学者の大澤真幸によれば、共同性は、何らかの信念が共有されることで生まれるのではない。「人々の集合が一つの共同体と見なしうるのは、それらの人々が、共通の信念を有する他者を共通に想定しているから」である（『増補虚構の時代の果て』）。

新郷村の大半のホストたちは、湧説の史実性や村の風俗習慣とユダヤ文化の結びつきを否定する。だが、キリストの墓が特別な場所として大切にされてきたことは強調する。自分自身は湧説を信じていないが、「墓を信じていた人がいることを信じる」ことに力点が置かれている。つまり、「自分以外の誰かが墓を大切にしてきたことを尊重する」というスタンスがとられているのである。

こうしたスタンスの背後には、広い意味での先祖も含めた共同体への帰属感やつながりの感覚が控えている。キリストの墓はフェイクでしかありえない由来を持つ。それゆえ、ホストは自分自身でそれを信じることができない。祭に関わる村の職員、地域の観光振興に取り組む有志団体のメンバーなど、墓や湧説について知識が深い人ほど、その偽物性を認識せざるをえなくなる。しかし、そうであるがゆえに、先祖からの継承という地縁・血縁に基づく共同性が強調されるのである。

4　主観的真正性

第1章で取り上げたように、これまで観光の空間や聖地が本物か偽物かが論じられる場合、もっぱら学術的に見て、物としての完全性を備えているかが焦点になってきた。つまり、対象の真正性が客観的にのみとらえられてきたのである。

それに対して、新郷村のケースは、場所を取り巻く人々の意識や感情といった主観的な要素も考える必要性を示している。フェイクが場の中心になっているキリストの墓の事例を、従来の本物／偽物を巡る議論を踏まえながら位置づけてみよう。

疑似イベント

従来、聖地巡礼と観光は対立するという視点から議論がなされてきた。とりわけ早くから、観光の皮相な面を批判的に指摘したのが、歴史家D・ブーアスティンの『幻影の時代』である。

同書は、メディアの力が大きくなる一九六〇年代のアメリカ社会の変質を論じたものである。社会のさまざまな領域において、作為的に生み出された幻影《イメージ》によって事実が覆い隠されていることを批判的に指摘した。

ブーアスティンは、中でも観光を幻影にまみれた場の典型として取り上げる。観光の空間は、疑似理想的・人工的に創られたイメージや、もっともらしく見える単純化されたイメージで満たされている。観光地にあるものは、自然に発生したものではない。誰かが明確な意図をもって作為的に生み出したものに過ぎない。そして、観光客は、そうした作り出された疑似イベントの偽物性を見抜くことができず、むしろ、それらを消費することに快楽を見出しているというのである。

ブーアスティンの議論は、メディアが生み出すイメージ操作の力にいち早く注目した重要なものだ。だが、その主張は、キリストの墓についてのもっとも表面的な理解と似通っている。つまり、偽物の伝承と墓が観光振興のために作為的に生み出される。そして、それがオカルトやB級スポット巡りといった商業主義的な傾向の下に消費されるという理解である。

こうした観点からは、先祖伝来の場所や伝承に対する愛着や、それに由来する情緒を真正性と結びつけて理解することはできない。ブーアスティンにとっての本物／偽物の基準は、学術的なもの以外ではありえないのである。

観光体験の深まり

他方、観光客は真正なものを求めて観光の「舞台裏」を目指す存在だと指摘したのが観光社会学者のD・マッカネルである（「演出されたオーセンティシティ」）。

マッカネルは、観光を六つの段階に区別する。①作り込まれた観光の空間である表舞台、②裏舞台であるかのように作られているが実は雰囲気しかない段階、③完全に舞台裏であるかのように作られた表舞台のシミュレーション、④部外者にも一部だけは開かれた舞台裏、⑤部外者が稀に入っても大丈夫なように作られた空間、そして、⑥完全な舞台裏であり、これこそが観光客を駆り立てる場であるとする。

このように、マッカネルも観光の空間が作為的に生み出され、演出されていることは否定しない。だが、表舞台に満足してしまうのではなく、作為のないありのままの舞台裏を目指す存在として観光客を位置づける。そして本質的には、観光客は、ホストという他者の生に参加しようとする能動的な存在として理解されるのである。

また、そもそも日常生活が偽物であり、旅の行き先こそが強度ある体験を与えてくれる場であることを論じたのが、文化人類学者のN・グレイバーンである。

グレイバーンによれば、現代においては淡々と続く日常生活こそが俗なる世界であり、むしろ観光は、そうした皮相な空間から脱出する機会である。その意味で、観光は一種の聖なる時空を生み出すものである。したがって、観光の空間が意図的に作り出されたものであっても、観光客は真正な体験をしうるというのである。

これらの議論を踏まえた上で、キリスト祭という場について考えてみよう。キリスト祭は「祭」と呼ばれ、祭壇が作られ神職の姿もある。だが、実際には観光課が主催するイベントである。伝統として披露されるナニャドヤラも祭をきっかけに再生された。ブーアスティン的な観点から見れば、キリスト祭は、作為と演出に満ちた疑似イベントということになるだろう。

しかし、ホストにとっては、キリストの墓も祭も本物の伝統として感じられている。そして、ゲストも偽物に騙《だま》されているわけではない。しばしばゲストが祭りのスタッフや神社関係者といったホストに祭りの由来を聞いたり、墓での祈り方を尋ねる姿が見られる。そうした折にキリストの墓は、埋葬者は不明でも先祖伝来の大切な場所であることを知るのである。

こうしたゲストとホストの交流が活発なことが、キリスト祭の大きな特徴とも言える。同じ青森県のねぶた祭、京都の祇園祭、大阪の岸和田だんじり祭など、全国から観光客を集める「本物の祭り」は全国にある。

これらは伝統ある本物だと広く信じられており、より大きなイベントであるからこそ、ホストとゲストの交流が少なく、ゲストがホストの情緒に触れる機会もないのではないだろうか。ゲストには、祭りが本物であることを疑う理由がない。そのため、ガイドブックやテレビが作り出した祭りのイメージをそのまま受け入れる。そして、ホストが演じる祭りを部外者として見学することに徹するのである。

ここで挙げた三つの祭りでいずれも有料の観覧席が用意されていることも重要である。これらの祭りは、ホストとゲストが交流する場ではないのである。観覧席は、ゲストを表舞台に留めるための装置とも言える。逆に、キリスト祭はフェイクを軸とする場であるからこそ、ゲストが舞台裏へと迫るきっかけが与えられるのである。

ホストとゲストの交流

こうしたホストとゲストの交流について考える上で参考になるのが、観光研究者のE・コーエンによる旅のモードの五つの分類である。コーエンは、場合によっては、観光の体験も宗教的と言えるような深さと強度を持ちうることを論じるのだが、その際にポイントとなるのが他者との交流なのである。

コーエンによれば、①レクリエーション・モードの観光客は楽しむために旅をする。彼らはシリアスな目的を設定したりせず、娯楽として旅を享受する。②気晴らしモードも同様で、退屈しのぎのための旅である。

他方、③経験モードの観光客は、他者の生き方に学ぶ。人生に意味を見出せなかった人が、旅先で出会った他者の生き方から学ぶのである。そして、経験モードの旅がさらに深まるのが、④体験モードの旅だ。経験モードでは他者の生き方はあくまで参考に過ぎなかった。それに対して、体験モードでは、他者の生き方が今後の人生の指針として吸収されるのである。そして、もっとも深い旅の体験である⑤実存モードにおいては、さらに劇的な変化が生じる。旅を通じて、それまで生きてきた社会や文化とはまったく異なる生き方を選びとる。旅によって生き方が変わり、見知らぬ土地の人間になるのである。コーエンは、実存モードの旅を宗教的な回心に近い状態として論じている。

キリストの墓の事例が示すのは、現代における本物と偽物の境界の曖昧さである。ホストやゲストの主観的な部分において生じる真正性は、現代の聖地巡礼について考える際にますます重要になる。なぜなら、世俗化と私事化が進む社会においては、単一の価値観や世界観が社会全体で共有されることはないからである。

世俗化社会では、長い歴史を持つ場所であっても、誰もがそこを聖地と認めるわけではない。カトリックの信仰世界では、サンティアゴは、エルサレムとローマに続く第三の聖地として位置づけられる。だが、教会が影響力を低下させる現代では、そうした歴史的な蓄積と威信だけで、サンティアゴが聖地として意味を持つわけではない。現在、そこを歩く人の多くは、信仰なき巡礼者なのである。

逆に言えば、現代では、伝統的には聖地とされてこなかった場所が聖地になることもある。かつては限られた人々にのみ聖地とされてきた場所や、そもそも聖地として考えられてこなかった場所が意味を持ちうる。その際、その場を取り巻く人々の情緒や主体的な関与、そしてゲストとホストの交流が重要な要素になると言えよう。キリストの墓は、そうした例の典型として理解できるのである。

第5章　私だけの聖地——パワースポットと祈りの多様性

本章では、二〇〇〇年代以降ブームになったパワースポットを取り上げ、現代社会において、マスメディアとも結びつきながら、新たな聖地が生まれる状況について考えてみたい。パワースポット・ブームは、宗教の私事化がもっとも分かりやすく表れた現象である。聖地を巡る新しい語りや儀礼が作られ、それらを巡礼者が能動的に実践する中で、ある場所が聖地として成立してゆくのである。

なお、パワースポットという言葉は、すっかり日本語に定着した感があるが、元々は和製英語である。他にもスピリチュアルスポットやエネルギースポットといった言葉が同じような意味で用いられることもある。本書では、もっとも一般的に用いられるパワースポットに統一する。

1　日本の聖地とその背景

パワースポット・ブームとは、さまざまな場所に聖地が乱立する状況としてまとめられる。これについて考えるには、まず日本の宗教文化の二つの大きな特徴を確認しておく必要がある。次に述べる二つの特徴を持つため、特にキリスト教の文化圏と比べた場合、日本では聖地が成立しやすい。そのため、パワースポット・ブームのような聖地の乱立状況が現代日本において顕著だと考えられる。

アニミズムと聖なるものの制度的管理

まず、一つ目はアニミズムという宗教観念である。日本語では、精霊信仰や有霊観などと訳されることが多い。一言で言えば、「ありとあらゆるものに霊魂が宿る」という宗教的な世界観である。

日本の宗教観の特徴は、人間以外の動植物をはじめ、無機物にすら霊魂が宿るとする点である。とりわけ自然の中に神や精霊のような存在を見出すことが顕著である。岩、洞窟、樹木などはもちろんのこと、雨風や雷といった自然現象も意思や霊魂を持ったものとしてとらえられてきた。すでに言及したものでは、富士山のような高山、熊野の那智大社にあるような巨大な滝、斎場御嶽のような巨石などが典型である（野本寛一『神と自然の景観論』）。

一方、キリスト教の文化圏では、アニミズムは否定的にとらえられる傾向が強い。キリスト教では、唯一神がこの世界を計画・創造したとされる。したがって、神以外に聖性や超越性を帯びたものは教義的に存在してはならないのだ。

アニミズムに着目したのは、イギリス人で文化人類学の父とされる、E・タイラー（一八三二～一九一七）である。タイラーが構想したのは宗教の進化論であった。タイラーの枠組みでは、宗教は一神教に向けて進化してゆくものとされる。その枠組みの中では、あらゆるものに霊魂を見出すアニミズムは、もっとも素朴な宗教形態として位置づけられたのである。

洞窟と一体に作られた英彦山の玉屋神社

しかし、キリスト教世界の聖地巡礼を考えた場合、特に民衆レベルにおいては、信仰や実践の背後にアニミズム的な想像力を指摘することもできる。第1章で取り上げた聖遺物崇敬の背景には、物に特別な力が宿るという観念があるのは明らかだろう。聖母出現を見ても、ラ・サレットやルルドの聖母は、山上や洞窟といったアニミズムに特徴的な景観を備えた場所に出現している。巡礼研究の泰斗A・デュプロンは、フランスでも一九世紀後半には山に入ることは依然としてはばかられることであり、ルルドの聖母出現の背後には山に対する崇敬があることを指摘している。

このようにキリスト教世界も、根底にはアニミズム的な想像力を抱え込んでいる。だが、その影響力を管理する宗教制度が存在しないのが、日本の宗教環境の二つ目の特徴である。すでに述べた通り、カトリックの場合、聖母出現のような奇跡は諸刃の剣である。カトリックには唯一の神の力を地上で体現するローマ教皇という存在がおり、権威はその一点に集約される。聖母出現のような奇跡は、人々を集めることにもなるが、ピラミッド型の権威構造を脅かしかねない。そのため、聖母出現であれ聖人であれ、学識を備えた専門家によって徹底的に調査される。

他方、日本の場合、神仏や奇跡への信仰のあり方を一元的に管理する制度は存在してこなかった。神道は特定の教祖を持たず、天照大神を最高神としつつも、地域別・職業別に無数の神が祀られてきた。そこに、さらに先祖祭祀の要素が加わる。一部の識者たちは教義論を展開してきたが、その成果が一般民衆に十分に浸透してきたわけではない。日本では、信仰は、種々の祭礼や年中行事として、実践的に継承されてきたのである。

そのため、キリスト教文化圏と比べた場合、日本では、一般民衆が新たに聖なるものを生み出すことはそれほど規制されない。つまり、あらゆる対象に聖性が見出されるアニミズム的宗教観が残存するとともに、聖なるものを一元的に管理する宗教制度が存在しないため、新たに聖地が成立しやすい環境があると考えられるのである。

流行神と情報化

各地の神々が突然に人気を博し、新たな聖地が生まれる現象は、江戸時代にはすでに存在していた。現代のパワースポット・ブームを考える手がかりとして、江戸時代に起きた現象を取り上げてみたい。民俗学者の宮田登は、江戸時代以降の都市化が進む社会において、民衆的想像力によって次々と生み出された流行神《はやりがみ》の現象について論じている（『江戸のはやり神』）。

流行神が興味深いのは、伝統ある有名寺社の神仏でなくとも、ある日、急に爆発的な人気を博すことである。むしろ、個人宅に祀られていた屋敷神や、村内の一部の人々だけが祀っていた祠が突然に熱狂的信仰を集めることの方が多いのである。宮田が流行神の典型とするのは、東京都台東区入谷にある太郎稲荷だ。同地にはかつて柳川《やながわ》藩の立花家の屋敷があり、その屋敷神として祀られていた。現在では見る影もないが、江戸から明治までに何度か大流行し、流行期には数え切れないほどの幟や灯籠が奉納されたのである。

宮田は、流行神が現れる方式を次のように図式化している。

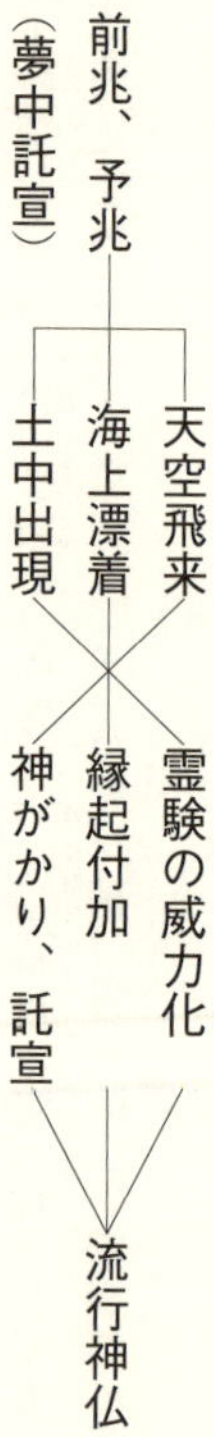

まず、夢の中のお告げなどの前兆に合わせて神が飛来したり、神仏の像が海岸や土中から発見される。そして、その神仏にまつわる霊験譚や縁起が広まったり、誰かが神がかりになってメッセージが伝えられることで流行神が生み出されるというのである。この図式は、現代のパワースポット現象について考える際の手がかりになる。

宮田は、一九八〇~九〇年代にブームになった人面犬・人面魚・人面木にも言及している。人面犬は、胴体は犬で顔が人間で日本語を喋る妖怪とされ、関東地方を中心に噂が広まった都市伝説の一種だ。人面魚は、山形県鶴岡市の善宝寺の池に棲む鯉である。ブームの時には老若男女の多くの見学者があり、土産物として人面魚まんじゅうも売り出された。人面木は、千葉県八千代市の公園にあるケヤキの切り口が人面に見えるというものである。近所の人が「ゆりの木観音」と名づけ、木に触るとご利益があるという噂が広まり、注連縄《しめなわ》が張られ賽銭箱も置かれるようになったという。その後、各地で似たような人面魚や人面木は見つかり、話題となった。宮田は、これら一連の人面ブームは、情報化による噂話が作り出したものだと論じている。

二〇〇〇年代以降のパワースポット・ブームにおいては、マスメディアやネットによる情報拡散がさらに大きな役割を果たしている。宗教社会学者の塚田穂高と碧海寿広が指摘するように、パワースポット・ブームは、聖地についての大量の情報が広範囲に拡散されることで生じている。つまり、情報レベルでの出来事としての性格が強いのである。先の宮田の図式は単純化すれば次のようになる。

聖なるものや場所　×　情報の強化と拡散　→　流行神仏

この図式に基づいて言えば、現代でも、「聖なるものや場所」はそれほど変化していない。後述するように、パワースポットとされるのは、従来からの聖地や寺社がほとんどなのである。大きく変化したのは、情報の拡散量が増大し、拡散方法もまた多様化したことだろう。

パワースポット現象においては、神仏が奇跡を起こす形で登場して、これまでなかった聖地が作られるということはほとんどない。パワースポットの多くは、既成の寺社や霊山であり、昔から神仏が祀られてきた場所である。

したがって、パワースポットを考える際、「どこがパワースポットなのか」は、それほど問題にはならない。むしろ、「すでに知られた場所がどのように取り上げられているか」が重要なのである。世界文化遺産の事例に見られたように、ある場所が訪れるべきものとして提示される時、さまざまなアクターによって従来とは異なる要素が強調されたり、新たな要素と結びつけられる。パワースポットについても、そうした編集と演出の過程を読み解くことが鍵となる。

ただし、パワースポットにおいては、場所を巡る編集と演出は、物を基準とした学術的な審査を意識して行われるわけではない。寺社側が意図して行う編集もあれば、寺社側が関知しないものや否定するものもある。ゲストたちが、自発的に新たなイメージや実践を生み出すこともある。

2 パワースポットの三類型

ここからは、より具体的に二〇〇〇年代以降のパワースポット現象について考えてみたい。パワースポットについて考える時、重要なのは場所そのものではない。したがって、宗教別・地域別にパワースポットを分類しても、それほど意味はない。重要なのは、場所のイメージが編集されるプロセスである。ここではパワースポットというラベルを誰が利用しているのかに注目しながら、(1)再提示型、(2)強化型、(3)発見型という三つのタイプに区別しながら論じてみたい。

(1)再提示型

再提示型は、かつてからの聖地があらためてパワースポットと言い換えられるタイプである。パワースポットとして取り上げられる場所の多くは、従来から聖地と見なされてきた。しかも、全国的な知名度を誇る神社や仏教宗派の総本山など、日本を代表するような聖地が含まれている。例を挙げればきりがないが、熱田神宮、石清水八幡宮《いわしみずはちまんぐう》、春日大社、鹿島神宮、戸隠神社、高野山、比叡山などに加え、伊勢神宮や出雲大社などもパワースポットとされるのである。

伊勢神宮は、二〇一〇年に八六〇万人という空前の参拝者数を記録している。二〇年ごとに社殿の造り替えが行われる式年遷宮の年を除けば、異例の多さであったという。二〇一一年には、伊勢神宮内宮近くの商業地の地価が全国八位の上昇率となり、三重県内唯一の上昇地点になっている（「基準地価　お伊勢さん沿道活気」『読売新聞』二〇一一年九月二一日）。伊勢神宮は、そもそも多くの訪問者を集めてきた場所だったが、神道の最高聖地ではなく、パワースポットという「誰もがアクセスできる聖なる場所」というイメージの下に再提示されることで門戸が広がり、さらに訪れる人が増えたと考えられる。

パワースポットを紹介する書籍や雑誌の大半が、通常の旅行ガイドとほとんど同じ形式をとっていることは見逃せない。取り上げるパワースポットの来歴に触れた後、周辺の宿泊施設やレストラン、近隣の観光名所などを紹介するのが基本的なフォーマットになっている。パワースポットという宗教臭さや伝統の重さを感じさせない言葉が流通したことで、聖地を観光の対象として取り上げやすくなり、一般的な旅行情報の中に違和感なく聖地巡礼を織り交ぜることができるのである。

とりわけ、宗教の取り扱いに慎重にならざるをえない公的組織が、パワースポットという言葉を便利に使用していることも興味深い。前章で触れた青森県のパワースポットとミステリーゾーンのパンフレットの他にも、各地の観光協会や自治体が、この言葉を使って地域の神社仏閣や宗教施設を再提示している。

京都府八幡市の公式サイトでは、二〇一三年五月に地元の観光ガイド協会主催で行われた

「石清水八幡宮パワースポット巡り」の様子が、写真とともに紹介されている。説明文には「鳥居や塔を手で触るなどしてパワーを感じていました」という箇所があるが、手で対象に触れたりパワーを感じたりといった実践が伝統的な神社の参拝のあり方と異なることは言うまでもない。

同じく京都では、日本三景を持つ天橋立観光協会が天橋立神社、元伊勢籠神社《もといせこの》、眞名井《まない》神社の三社を巡るパワースポット・マップを公開している。各神社について詳しい説明が付されているが、それらには、伝統的な神道の観点からのものに加えて、「鳥居の上に石を置くと恋愛成就する」など独特の解説も含まれている。眞名井神社は、境内に湧く天の眞名井の水という霊水とともに、「知る人ぞ知る日本最古のパワースポット」として紹介されている。

静岡県では、県が運営する静岡県統合基盤地理情報システムに、パワースポット情報が組み込まれている。このシステムは、都市計画情報・南海トラフ地震の津波被害想定・埋蔵文化財情報など、各担当課による情報を地図上に一括表示するものである。その中に、健康福祉部こども未来局こども未来課が担当する「ふじのくにエンゼルパワースポット」という項目がある。

そこには、県民から集めた「恋愛・結婚・子宝」にまつわるスポットがマッピングされている。景色のよい公園や海岸とともに、多くの寺社がリストアップされている。取り上げられた寺社についての説明も、恋愛系パワースポットの観点から書かれたものが多い。たとえば、静岡市の久能山東照宮は、全国の東照宮の総本社に相当し、数々の国宝・重文の文化財を有する場所である。同システムでは、一一五九段の階段がカップルで励まし合いながら登りたい場所として言及されている。また、富士宮市の富士山本宮浅間大社は、厳かに挙式したい場所として紹介されているのである。

(2) 強化型

再提示型には、従来から高い知名度を誇ってきた場所が、パワースポットと言い換えられている場合が多い。それに対して、強化型は、特定の効能や寺社の境内の一部など、以前とは異なる要素の強調によってアピール力が強化されたタイプである。たとえばパワースポットと呼ばれるようになっても、伊勢神宮や比叡山それ自体は、それほど大きなリアクションを示さないが、強化型では、寺社側がパワースポット・イメージをそれなりに受け入れ、能動的に反応する。

たとえば、神奈川県の箱根神社が挙げられる。東西の交通の要所に位置し、源頼朝《みなもとのよりとも》が二所詣として三嶋《みしま》大社と合わせて参詣して以来、武家の信仰を集めてきた歴史ある神社である。節分祭には鬼が水上スキーで登場するなど特徴ある神社だが、特にパワースポットとして注目されるのが境内にある九頭竜《くずりゅう》神社新宮である。

九頭竜神社新宮は、二〇〇〇年に芦ノ湖畔にある本宮から分祀された。龍神には、金運守護・商売繁盛・縁結びなどのご利益があるとされる。同社については、その中でも縁結びの効能が強調して語られるようになり、若い女性を中心に参拝者が増加した。二〇一〇年には新宮の前に湧水の井戸・龍神水舎が作られ、専用ペットボトルで汲める龍神水として頒布されるようになった。龍神水にはヒーリングや浄化の力があると語られ、現在では、本宮の正式参拝者に龍神水の引換券が渡されるようになっている。

休日の東京大神宮

メディア主導で仕掛けられた感のあるパワースポット・ブームは若い女性を主要ターゲットにしており、効能として縁結びや恋愛成就が謳われるケースは多い。東京都心の例としては、飯田橋の東京大神宮が挙げられる。

東京大神宮は、一八八〇年、伊勢神宮の遥拝所として作られた皇大神宮遥拝殿に由来する。その後、場所の移転や組織上の変化などを経た同社がパワースポットとして注目され

晴明神社の木に手をあてる参拝者

るようになった理由は、一九〇〇年に明宮《はるのみや》嘉仁《よしひと》親王（後の大正天皇）の結婚の儀が執り行われたことにさかのぼる。この結婚式が現在一般に神前結婚式と呼ばれる最初のものであり、その結果、同社は縁結びのパワースポットとされるようになったのである。

　近年の東京大神宮では、平日でも多くの女性の姿が見られ、それに合わせて対応策がとられている。夏に境内で涼しく過ごせるように、神社では全国初のドライミストが設置されている。授与品も工夫され、思いを寄せる相手の心を開かせるという意味を込めた鍵をかたどったお守りや、カップル用に二つ一組になった紅白巾着のお守りなどが頒布されている。二〇〇八年からは毎年、絵本作家・あべ弘士のデザインによる干支絵馬が作られており、神社の公式サイトでは部屋のインテリアとして飾ることが推奨されている。

　恋愛系ではない強化型の例としては、京都市上京区の晴明神社が挙げられる。平安時代の陰陽師《おんみょうじ》・安倍晴明《あべのせいめい》を祀る同社は一〇〇七年の創建と伝えられる。かつては広大な敷地を誇ったとされるが、度重なる戦火で長く荒廃していたという。現在のような堀川通沿いに面した境内が整備されたのは一九五〇年である。同社が全国から参拝者を集めるようになるのは、主に一九九〇年代以降、安倍晴明を題材にしたフィクション作品が作られるようになってからである。

中でも、夢枕獏《ゆめまくらばく》の小説『陰陽師』（一九八八年）がもたらした影響は大きい。同書を原作にした岡野玲子《おかのれいこ》のマンガがヒットし、さらにテレビドラマや映画も製作された。安倍晴明に関する歴史資料は少なく、実際にどのような人物であったかは不明な点が多い。しかし、だからこそ小説に基づく一連のフィクションを通して頭脳明晰・冷静沈着・美形といった晴明像が定着し、映像化作品では美形の俳優が演じることで、女性を中心に同社の人気が確立されたのである。

（3）発見型

発見型は、非宗教的な場所がパワースポットとして提示されるタイプである。対象としては、特異な景観や自然環境が取り上げられる場合が多い。本章冒頭で述べたように、アニミズムを基調とする日本の宗教環境においては、あらゆる場所に神仏が見出されてきた。

各地にある霊山はその象徴であり、実際、高尾山、筑波山、武州御嶽山などもパワースポットとして取り上げられる。だが、これらは、それぞれ山上に寺社を擁する霊山であり、すでにその場所を管理する宗教的な主体が存在する。それに対して、パワースポット・ブームの中では、寺社を有さない場所においてもエネルギーや癒しが得られるというイメージや語りが形成されている。

雑誌やネットでは、たとえば山口県美祢《みね》市の鍾乳洞・秋芳洞や、鹿児島県屋久島の縄文杉などがしばしば取り上げられる。いずれも国の特別天然記念物にも指定されているが、数千年以上の長い時間をかけて作られたものであるため、蓄積したパワーを貰えるといった語られ方をする。

石川県の能登半島突端に位置する珠洲《すず》岬は、通称・聖域の岬と呼ばれるパワースポットとして訪問者を集めている。場所が持つ効能が、科学的に根拠があるかのように説明されるのが特徴である。同所の場合、空では寒帯と亜熱帯のジェット気流が、海では暖流と寒流が合流する世界的に珍しい無気流地帯であるため、運気向上に効くといった形で語られる。

同じように、科学的装いの下に語られるパワースポットとしては、長野県の伊那市と大鹿村の間に位置する分杭峠《ぶんぐいとうげ》が知られている。日本最大級の断層である中央構造線上に位置し、地層が押し合う「ゼロ磁場」であるため、エネルギーが溜まる場所であるとされる。伊那市観光協会のウェブサイトでは、中国人気功師が訪れて「氣場」を発見したことや、「人が幸せになれる場所」という噂があることなどが紹介されている。

また、峠を訪れて「身体に何か変化があったか」などの項目を含む訪問者へのアンケート結果も公開されている。同所には毎日数百人が訪れ、峠に座り深呼吸してエネルギーを取り込んだり、水を汲んだりしている。近年は訪問者増加による混雑のため峠までの道路は交通規制が敷かれ、専用のシャトルバスでしか行くことができなくなっている。

発見型でこうした疑似科学的な語りと結びつかない例としては、愛知県清須市の清洲公園が挙げられる。ここには織田信長の銅像が設置されていたのだが、二〇一二年、隣に信長の妻であった濃姫の銅像が別の場所から移設されてきた。この移設は清須市誕生七周年をきっかけに行われた。市のウェブサイトでは、同所は「始まりの地－二人の愛と希望の丘－」と名づけられ、夫婦の絆・プロポーズ・立身出世・必勝祈願のパワースポットとして紹介されている。既存の宗教文化と関わらないため、こうした官製のパワースポットが多くなるのも発見型の特徴だと言える。

再提示型・強化型・発見型という三つの類型を見てきたが、これらはそれぞれ完全に独立したカテゴリーではない。むしろ大きなグラデーションの中に分布するものとして理解して欲しい。一般的には強化型だと思われているパワースポットが、地元の人にとっては再提示型である場合もあるだろう。前章で取り上げた新郷村のキリストの墓は一般的には発見型と思われているが、ホストの人々にとっては強化型だと受け止められている。したがって、この類型はある場所をいずれかに分類して結論づけるためのものではない。場所とそこを取り巻く人々の意識と関係性を考えてゆくための手がかりとして提示しておきたい。

3　聖地をめぐるポリティクス

パワースポットがもたらしたもの

三類型の事例が共通して示唆しているのは、パワースポットという言葉の流通によって、非宗教的なイメージの中に宗教的な意識や実践を回収できるようになったことである。たしかに、これまでも伝統や慣習という言葉とともに、聖地や祭りが観光に取り込まれてきた。しかし、富士山の世界文化遺産運動の事例に顕著であったように、そこでは過去の宗教文化が物を通じて博物館のように提示されるのが主であった。

それに対して、パワースポットというニュートラルな響きを持つ言葉が広まり、「エネルギーやパワーを貰う」「幸せを呼び込む」といった言葉が広まったことで、従来の功徳《くどく》やご利益《りやく》といった宗教用語を使わずとも、宗教的なことを公的な場面でも表現できるようになったのである。特別に信仰を持たない人々にとっては、こうした言語表現は、特定の宗教や教団をイメージさせることがなく、受け入れやすいものになっていると言える。

このように、新たな言葉の流通によって、既存の聖地が再活性化され、新たに聖地が次々と作られ続けている。現代社会においては、伝統的な宗教のあり方とは距離をとる形で聖地巡礼が成立しているのである。それでは、こうした現象は、既成宗教にどのような変化を与えているのだろうか。ここでは、東京の二つの事例を取り上げてみたい。

明治神宮・清正井

まず、注目したいのはパワースポット・ブームの象徴とも言える明治神宮である。同社は、一九二〇年、明治天皇と昭憲皇太后を祭神として創建された。渋谷区代々木という都心に所在し、初詣には、毎年、全国一位の三〇〇万人以上の参拝者が訪れる日本を代表する聖地と言えよう。

明治神宮でパワースポットとして注目を浴びたのは、通常の参拝の対象となる本殿ではなく、併設された御苑の中の湧水・清正井《きよまさのいど》である。同地には、かつて戦国武将の加藤清正の子・忠広が住んでいたことがあった。加藤家断絶後は井伊家下屋敷となり、明治維新の際に政府のものとなった。井戸の詳しい来歴は不明であるが、「土木の神様」と言われた清正が

清正井

掘ったという謂れもあることから、その名がつけられている。

清正井に人が詰めかけるようになるのは、二〇〇九年一二月二五日からである。その前日のテレビ番組で、手相占いで知られるタレントの島田《しまだ》秀平《しゅうへい》が、運気向上の場所として清正井を紹介したのである。それ以前から一部の人々の間で清正井にはパワーがあるなどと言われてはいた。しかし、島田がテレビで紹介したことで、翌日から恋愛成就や厄落としを願う人々が長蛇の列を作るほどの人気の場所になったのだ。

清正井がある御苑には、神社とは別の入口から拝観料を払って入場する。御苑は一六時半には閉園になるが、最盛期には四～五時間待ちの行列ができ、昼すぎに到着しても見ることができないほどに混雑した。湧水までたどりついた参拝者の多くは、井戸の写真を撮ったり、携帯ストラップや持参したパワーストーンを洗うなど、他のパワースポットにも見られる独特の実践を行うのである。

祈りの多様化

注目したいのは、清正井の訪問者の中には、明治神宮の本殿に参拝しない人が少なくなかったことである。神社側から見れば、清正井は文化財ではある。神社の公式サイトでも見どころとして紹介されている。だが、それは、あくまで都会には珍しい湧水としてであって、運気向上や厄落としの聖域として扱ってはいない。神社にとって、湧水は、礼拝や信仰の対象にはなりえない。明治神宮に限らず、雑誌やテレビを見てパワースポットとして寺社に出かけた人はご神木に抱きついたり、手をかざしてエネルギーを貰うといった行動をとる。だが、こうした行為も、寺社からすれば宗教的な意味はない。

ここで生じているのは、ホストとゲストの祈りの対象の食い違いである。ホスト側の寺社から見ると、パワースポットとしてメディアに取り上げられることで訪問者数は増加するが、ゲストは、ホストが想定する祈りや宗教実践をするとは限らない。ある場所がパワースポットとして語られることで、その場所についての寺社側による公式のイメージや語りに対して、別バージョンのものが付け加えられるかもしれないのである。

そのため、パワースポットとして訪問者数が増加しても、すべての寺社が肯定的とは限らない。神社本庁の機関誌的性格を持つ『神社新報』では、パワースポットは大衆迎合の性格が強いものとして批判的に論じられている（「論説 教化会議 斯界興隆の底力示したい」『神社新報』二〇一〇年一一月二二日）。そして、とりわけ問題視されるのが本殿での拝礼無視である。

神社の信仰形態に相反するものとしての極端な例では、境内の一隅を「パワースポット」と称し、神前での拝礼を無視して、その一隅を訪れることだけを奨励するやうな事例もあるからだ。

その神社は単に注目されることを是とするかもしれないが、神前を素通りする人々が神社の一角に陣取って、例へば木に手を当て御祭神と無関係の祈りを捧げてゐる姿もよく見られるといふ。極端な例では神域で祈りを捧げるのではなく、携帯電話に写真データをさめるだけで満足してゐるやうな事例さへあるのださうだ。まさに「パワースポット」といふ言葉に惑はされた極端な例といふことができよう。（「論説 パワースポット 安易な伝統破壊は慎むべき」『神社新報』二〇一〇年一一月八日）

ここからは、自分たちが管理する聖地で、新たな語りや実践が生まれたことに対する当惑と憤りを読み取れる。神道の世界とは無縁のテレビや雑誌が作り出したイメージによって、本殿での拝礼がないがしろにされ、他の新たな実践が重要だという考え方が流通してしまったと感じられているのである。

青森県むつ市には、日本三大霊場の一つとして知られる恐山菩提寺《おそれざんぼだいじ》がある。火山岩に覆われガスが噴き出す特異な景観や、祭りの時には死者の言葉を取り次ぐイタコと呼ばれる霊能者が集まることで知られており、強力なパワースポットとして語られる。だが、そうした風潮に対して、近年、住職代理が、恐山は意味も力もないパワーレススポットだと発言をしている（南直哉『恐山――死者のいる場所』）。こうした反応も、新たに作られたイメージに対する伝統宗教側からの批判として理解できるだろう。

このようにパワースポット現象とは、ある場所を巡る新しいイメージや語りの発生であり、ある面から見れば、新しい宗教的な権威の登場に他ならない。特定の宗教だけが管理してきた聖地に、一般の雑誌やテレビ、霊能者、スピリチュアル・アドバイザー、占いカウンセラーといった伝統的な寺社とは関係の薄いアクターたちが参入して来るのである。そして往々にして、新規参入してきたアクターの方が一般的なゲストとの距離が近いため、寺社側からの反発が生ずると言える。

今戸神社

一方、特定の寺社とは関わりのない分杭峠のような事例では、そもそも伝統的な信仰や実践自体が存在していない。したがって、右のような場所のイメージを巡る葛藤も生じえない。あるいは、箱根神社のように、神社側の思惑と矛盾しないような形でパワースポットとしてのイメージが形成される場合もある。ここではパワースポットとしてのイメージ強化を神社側が積極的に図った事例として、今戸《いまど》神社のケースを取り上げてみたい。同社は二〇〇〇年代のパワースポット・ブームでもっとも典型的な強化型だと思われる。

今戸神社は、多くの観光客で賑わう浅草寺から一キロほど北東に位置する。一〇六三年に源《みなもとの》頼義《よりよし》・義家《よしいえ》父子が奥州征伐の折に京都の石清水八幡を勧請《かんじょう》したのが創建とされる。『江戸名所図会』にも、今戸八幡宮の名で描かれている。一九三七年に近隣の白山神社と合祀され、その際に今戸神社と名を改めている。

近年まで、今戸神社は、氏子以外には知られていない地域の神社であった。都内の神社としては平均的な大きさの境内の一部は、今でも月極駐車場として貸し出されている。シンプルな社殿も、一般的な聖地やパワースポットというイメージとは異なる印象を与えるだろう。同社から浅草寺寄りに徒歩数分のところには待乳山《まっちやま》聖天《しょうでん》（本龍院）がある。歓喜天を本尊とし、その近くで国民的作家・池波正太郎が誕生したため、記念碑も作られている。そのため、同寺を訪れる観光客や時代劇ファンはいたが、そこから今戸神社まで足を延ばす人は少なかった。

しかし、二〇〇八年頃から、今戸神社は女性誌や旅行誌を中心に「恋愛の聖地」や「縁結びのパワースポット」として取り上げられるようになる。境内は猫の形をした無数のジョウロ、公園に置かれるようなベンチや椅子、そして通常の神社には見られないガーデニングで飾られるようになった。平日でも女性を中心に多くの参拝客の姿が見られ、初詣の時には四〜五時間待ちの行列ができる。さらに海外のガイドブックにも掲載されたことから、香港や中国本土からの団体旅行客が乗った大型バスもやって来るようになった。こうした今戸神社の活況の背後には、地域を超えたアピール力を獲得するための戦略を指摘することができよう。

歴史的要素と現代的宗教性の取り込み

今戸神社の鳥居脇には、「招き猫発祥の地」「沖田《おきた》総司《そうじ》終焉の地」と書かれた看板が立てられている。招き猫は次のようなエピソードに基づいている。江戸末期、浅草に住む老婆が貧しさゆえに愛猫を手放したところ、夢枕にその猫が立って「自分の姿を人形にしたら必ずや福徳を授かる」と告げた。それにしたがって浅草寺参道で片手を挙げた猫を売り出したところ大好評になったという。

招き猫発祥については豪徳寺とするものなど諸説あるが、今戸神社公式サイトでは招き猫発祥地であることが宣言される。授与品として猫がデザインされたお守りや今戸焼のつがいの招き猫も制作され、高い人気を誇っている。また、社務所の一角には大量の招き猫グッズが置かれた場所が設けられているが、これは宮司夫人が夢で見た光景を再現したものである。その中には、アニメ『夏目友人帳』のヒット祈願の際に使われたキャラクターも置かれており、それを目当てに訪れるアニメファンも少なくない。

また、「沖田総司終焉の地」も、地域の歴史を取り込んだものである。新撰組の隊士だった永倉新八《ながくらしんぱち》（一八三九〜一九一五）が記した「同志連名記」によれば、御典医《ごてんい》・松本良順《まつもとりょうじゅん》（一八三二〜一九〇七）が、薩長軍の江戸入りに際し、今戸八幡に肺を病んだ沖田を収容した。だが、治療の甲斐なく、沖田は同地で没したという記述があることに基づく。安倍晴明と同じく、各種の小説・漫画・ゲームなどで薄命の美剣士として描かれる沖田は、若い女性の人気が高く、いわゆる歴史好きの女性である「歴女《れきじょ》」を惹きつける。今戸神社の境内にベンチが置かれるようになったのも、そもそもは沖田ファンの女性たちのためであったという。

今戸神社のパワースポット戦略を考える際、特に重要なのが縁結びのご利益である。縁と円をかけた真円形の絵馬は今戸神社の名物となり、お守りなど授与品の多くも縁結びを念頭にデザインされている。同社の縁結びのご利益は、祭神の伊弉諾《いざなぎ》・伊弉冉《いざなみ》が根拠となるが、元々は、この両神は一九三七年に合祀された白山神社で祀られていたものである。今戸神社にとっては新参の祭神なのである。つまり、祭神の強調点をずらすことで、ゲストが求める効能とより適合的なご利益が導き出されているのである。

さらに、メディアとの関係を見ると、今戸神社は、受動的に取材されるだけでなく、積極的な情報発信を行っている。神社の公式ウェブサイトの他にも、宮司夫人と神職姉妹によるブログが複数運営されている。そして、彼女たちによる縁結びのアドバイス書やパワースポット・ガイドといった書籍も数冊出版されている。

そして、こうした積極的なメディア発信の一環として、テレビ霊能者たちとの結びつきも見られる。先に言及した島田や二〇〇〇年代のスピリチュアル・ブームを牽引した江原啓之《えはらひろゆき》らは、伝統的な寺社から否定的にとらえられる傾向が強い。しかし、今戸神社の場合、彼らも肯定的に取り込まれる。

宮司夫人のブログでは、たびたび彼らの来社の様子が告知され、江原の書籍でも今戸神社が取り上げられる。「江原啓之さんの功績は偉大です」というブログ記事では、神社の節分に江原が登場した際の写真がアップされている。そして、江原や島田によって「神社の参拝の仕方や見えない世界のお話」が一般的に受け入れられ、それによって「日本全体が浄められる大変意義深い」ことだとされているのである。

つながりの破壊か創造か

理論的に見れば、今戸神社のケースは、私事化が進む現代宗教への適応だと言える。パワースポットとして寺社巡りするゲストたちは、既成の信仰体系をそのままに受け入れない。さまざまな要素を取捨選択し、時にそれを組み合わせながら自分好みの新しい信念を作り上げる。そうした宗教的自由度の高さがもたらしたのが、神木に手かざしをしてエネルギーをもらったり、湧水で携帯ストラップを洗うなどの独特の実践である。そして、こうした諸要素の結びつけられ方の多様性と独創性の高さこそが、江戸時代の流行神と現代のパワースポットの違いの一つである。

明治神宮の例に顕著であったように、伝統的な立場から見れば、ゲストたちの自己流の信念や実践の創造は伝統破壊に他ならず、困惑や憤りの対象となる。だが今戸神社や箱根神社の場合、ゲストたちの私事化した信念や実践を否定せず、むしろテレビ霊能者らが作り出した新しい信念や実践を取り込みながら、伝統的な信仰の枠組みを拡張強化したと考えられるのである。

今戸神社に限らず、パワースポットとして注目を浴びる寺社に対しては、「聖地の商品化」だとか、「聖なるものの切り売り」だといった批判がしばしばなされる。たしかにパワースポット・ブームは、伝統的な寺社から峠や湧水まで、多くの場所が聖地になりうる可能性をもたらした。それぞれの場所に固有の宗教性や歴史を無視し、そこかしこが商品カタログのように並べられる。そして、ゲストは自分が求める効能やご利益にしたがって、そこから自由に選んで購入するというのがパワースポット・ブームの一つの本質なのである。

さらに言えば、こうした状況は、宗教との持続的なつながりを掘り崩すかもしれない。伝統的な寺社には、檀家や氏子・崇敬会といった形の関係性がある。つまり、家の宗教として、あるいは地域の宗教としてのつながりである。日々の生活や人間関係の一部に、宗教が埋め込まれていたと言えるだろう。

それに対してパワースポットに見られる考え方が浸透すると、個々人がご利益や功徳によって宗教を取捨選択するため、継続的なつながりを結ぶことは考えにくいかもしれない。大事な試験の前だけ願掛けに行ったり、旅先で空いた時間にちょっと寄ればそれで十分かもしれないのである。

しかし、宗教と個人との関わり方の流動性が高まったからこそ、逆に、新たなつながりが生まれる可能性もある。今戸神社では、二〇〇八年から縁結び会が行われている。未婚の男女三〇名程度で行われる神社主催のお見合いパーティーである。当初は不定期開催であったが、参加者の増加につれて定期的に行われるようになっている。参加するには本人が直接来社して登録し、その上で抽選が行われる。

神社主催のお見合いパーティーという珍しさから、縁結び会によって今戸神社はますます多くのメディアで取り上げられるようになった。その意味では、神社のパワースポットのイメージをさらに強化するための仕掛けとも言える。他方で、縁結び会によって結婚までに至ったカップルの多くは、今戸神社にお礼参りに来ることになる。あるいは、縁結び会がきっかけではなくとも、同社にお参りした後に結婚するカップルも多い。そして、彼らの一部は、異なる地域に住んでいるにもかかわらず、同社で結婚式を挙げることもある。

もちろん、こうしたケースは訪問者全体から見れば少数かもしれない。しかし、パワースポット化によって神社空間が地域の氏子以外にも開かれ、さらに商品化によって縁結びという特定のご利益が強調されたからこそ、神社を巡る新しいつながりが生まれたと理解できるのではないだろうか。少なくとも、同社がパワースポット化の戦略をとらずに地域の神社としてのみ存在し続けていたら、地域外の人々との関係性が生まれることは考えにくい。

二〇〇〇年代のパワースポット・ブームの背景には、個々人の宗教的嗜好の多様化やメディアの拡充による聖地の意味の変容がある。パワースポット・ブームで増加した聖地の訪問者たちは、既成宗教の立場から見れば信仰なき巡礼者に他ならない。そしてその意味では、現代のサンティアゴ巡礼や四国遍路などと通底する現象なのである。だが、そこでは、単に聖なるものの商品化や即物的な消費が行われているわけではない。既成の信仰体系とは異なるやり方で、さまざまな体験や交流が模索され、時として、宗教を巡る新しい共同性が生み出されているのである。

終章　現代社会と聖地巡礼

本書では、聖地という他とは区別される場所がどのようにして社会的に成立するのかを論じてきた。伝統的には、聖地は宗教によって管理される場だと考えられてきた。そして、神仏への信仰を持ち、聖地の聖性を疑わない人々が濃厚な祈りや体験を求めて行うのが巡礼だとされた。聖地巡礼のあり方や意味を決定していたのは、宗教の制度や組織だった。それに対して世俗化社会では、宗教とは異なる基準の下で、聖地が評価されるようになる。

本章では、これまでの議論の総括として、主に理論的な考察を行う。各章の事例が示唆していたように、現代の聖地巡礼を考えるには、集団や場所への帰属感や共同体意識への注目が不可欠である。聖地を支えるのは場所を軸に結びついた人々であり、その共同性によって聖地は真正な場所になる。アニメ聖地巡礼と呼ばれる近年の事例も踏まえながら、多様化する聖地のあり方を位置づけてみたい。

そして、こうした宗教的なものの多様化は、聖地巡礼の領域だけで生じているわけではない。近代化という大きな趨勢の下で、宗教の領域全体が大きく変容しており、聖地巡礼と観光の融合はその一つの兆候だと言える。世俗化によって、宗教は、従来のあり方では存続できなくなった。公的な影響力を失い、他の領域の営みに動員されるようになった。聖地巡礼の変化が、現代宗教のどのような変容を示唆しているのかも考えてみたい。

1 聖地の温度

冷たい聖地、熱い聖地

ここではまず、E・コーエンらの議論を参照しながら、本書で取り上げてきた事例を大きく整理してみたい。コーエンらが注目するのは、ある場所が本物と見なされる時、どのような権威とプロセスによって真正性が与えられているかである。そして、そうした関心から、冷たい真正化（Cool Authentication）と熱い真正化（Hot Authentication）という概念を提示している。

冷たい真正化とは、社会で広く認められた権威が、ある場所を本物と保証することである。主に学術的な調査と知見を基準として、ある場所が本物だと承認される。ユネスコが認定する世界文化遺産や、国が指定する重要文化財などが典型的だと言える。

一方、熱い真正化は、社会的にそれほど認知されておらず、強い権威を持たない集団や人々がある場所に価値を与えることである。熱い真正化では、客観的には本物とは言えない場所が、そこに関わる人々の思い入れや運動によって価値を与えられる。要するに、冷たい真正化が公的な保証であるに対して、熱い真正化は私的な関与によって場所に価値を与える過程として理解できる。

そして、コーエンらの議論からは、冷たい聖地／熱い聖地という概念を導くことができる。冷たい聖地の典型は、富士山、斎場御嶽、モン・サン゠ミシェルなどだろう。これらは、その歴史的価値が一般にも知られており、さらにグローバルな組織であるユネスコが世界遺産に認定した場所である。あるいは、サンティアゴ・デ・コンポステラや聖母出現の聖地も、カトリック教会という世界最大の宗教組織が公認する冷たい聖地である。その権威が世俗的なものであれ宗教的なものであれ、これらは第三者から価値や意味が認められ、そのことが多数の人々に共有されているのである。

コーエンらによれば、冷たい真正化は、しばしば対象を博物館のようにする。富士山や熊野について見たように、世界遺産の文脈では、現代の登山者や巡礼者が感じる気づきや癒しの体験は無視され、過去の信仰だけが価値あるものとされる。客観的に判断できる物の価値を第一とするからこそ、ユネスコの認定は広く共有される。物としての完全性を満たさない首里城が城跡として登録されたのも、冷たい真正化の特徴として理解できる。

一方、パワースポットやキリストの墓は熱い聖地の典型例だと言える。キリストの墓は、歴史学や考古学から見ればフェイクに他ならない。現在、同所にゲストが訪れるのは、一九六〇年代以降の祭の創出や観光振興といった戦略的なパフォーマンスが奏功したためである。つまり、キリストの墓に価値を与えたのは、その場所に対する強い思い入れを持ち、継続的に関わってきた地元の人々なのである。ホストの私的な関与と情緒が聖地を作り出していると言える。

熱い聖地では、主にホストとゲストの関与から真正性が生じる。地域振興、観光開発、メディアによるイメージの構築と流布などによって、それまで見逃されてきた場所や伝統的な聖地とは異なる場所に、新たに聖地が作り出されている。これらの場所は歴史的・宗教的な真正性を有さないため、その場所に関わる人々の情緒的な結びつきやパフォーマンスによって聖地になるのである。

神田明神の祭神変更

冷たい聖地／熱い聖地は固定的なカテゴリーではない。社会の変化とともに、聖地のあり方も変化する。たとえば、聖母出現の聖地のほとんどは、熱い聖地から冷たい聖地へと移行する。多くの聖母出現の聖地では、一人の見神者や年端のいかない子供たちが聖母を目撃したと語り、その噂が広がることで、自然発生的に巡礼者が訪れるようになる。つまり、当初は、目撃者の主観にのみ依拠するのである。だが、カトリック教会当局の厳密な調査を経て奇跡が確認され、見神者が聖人に認定されることで、宗教的権威に裏づけられた冷たい聖地になるのである。

また別の例としては、東京の神田明神が興味深い。神田明神は徳川《とくがわ》幕府との結びつきが強い。同社の創建は七三〇年とされ、千年以上の歴史を持つ。徳川家康《いえやす》が関ヶ原の合戦前に同社で戦勝祈願を行ったと言われ、幕府が開かれると、江戸城の鬼門を守る江戸総鎮守として崇敬を集めた。同社の神田祭は天下祭とも称され、その山車《だし》は江戸城内に入ることが許されていた。江戸時代には、神田明神は幕府が公認する冷たい聖地だったと言える。

しかし、明治維新による政治体制の変化が、神田明神に大きな影響を与える。同社の祭神には、平将門が含まれている。天慶の乱を起こし、新皇を称した将門は、太田道灌《おおたどうかん》や北条氏綱《ほうじょううじつな》といった徳川以前の江戸の支配者たちにも尊崇されてきた。だが、明治政府から見れば、天皇の権威に反逆した将門は朝敵である。そのため、一八七四年、将門は神田明神の本殿から外されてしまい、代わりに、茨城県の大洗磯前《おおあらいいそさき》神社から少彦名命《すくなひこなのみこと》が分祀されてきたのである。つまり、明治政府という新たな国家体制によって、江戸時代とは異なる形で、官製の冷たい聖地に作り変えられたのである。

明治政府による祭神・将門の排斥は、地元の東京に住む人々から猛烈な反発を受ける。同社は幕府公認の聖地であったと同時に、江戸庶民からの信仰も篤く、主祭神であった将門の人気はきわめて高かった。東京の人々から見れば、土地にまったく関わりのない薩摩や長州の人間が自分たちの聖地を暴力的に解体したのだから無理もない。抗議として、祭神変更を認めた宮司は追放され、神田祭は、一〇年間、中止されたのである。

その後も、氏子たちの粘り強い運動が続けられ、実に一〇〇年後の一九八四年、将門は祭神に復帰する。ここにおいて神田明神は、地域の人々のパフォーマンスと情緒に支えられた熱い聖地としての性格を持ったと言える。また、この祭神復帰の少し前の一九七六年、将門を主役とするNHKの大河ドラマ『風と雲と虹と』が放映されている。宮司と氏子総代は、ドラマによる人気上昇も受けて祭神復帰をかけあったとされ、神田明神にはメディアが作る聖地としての性格も見出すことができるのである。

そして、私事化と情報流通の拡充が進む現代社会で顕著なのは、こうした冷たい聖地が熱くなる現象だと言える。明治神宮の清正井では、御苑内の湧水という本来は宗教的意味をもたない場所が、メディアによる情報拡散によって熱を帯びた。数時間にも及ぶ行列に並んだ訪問者たちが、湧水でお金を洗ったり、その写真を携帯電話の待受画面にするなど、神道の文脈とは異なるパフォーマンスを行うことで、その聖性が表現され続けたと言える。

現代のサンティアゴ巡礼は、また別の仕方で熱い聖地になっている。大聖堂のあるサンティアゴ・デ・コンポステラというゴール地点そのものは長い歴史を持つ冷たい聖地である。カトリック教会が公認した聖ヤコブの聖遺物があるからこそ、同所は聖地とされてきた。しかし、信仰なき巡礼者たちにとって、聖遺物はもはや重要ではない。彼らは、徒歩巡礼という手段にこだわることで巡礼のプロセスを引き延ばし、そこで生じる他者との交流に価値を見出していた。つまり、本来は不要な時間と労力を要する徒歩巡礼というパフォーマンスによって、巡礼路そのものが熱い聖地となったのである。その意味では、現代のサンティアゴ巡礼は、冷たい大聖堂と熱い巡礼路の二つから構成されていると言える。

2　アニメ聖地巡礼の展開——鷲宮神社の事例

鷲宮神社のアニメ聖地化

熱い聖地の展開を考える上で興味深いのが、アニメ作品によって生まれる聖地巡礼である。特に二〇〇〇年代以降、聖地巡礼という言葉がもっとも使われるのが、アニメの舞台訪問に対してである。アニメの舞台訪問とは「熱心なファンが、アニメ作品のロケ地またはその作品・作者に関連する土地を見つけ出し、それを聖地として位置づけ、実際に訪れる（巡礼する）という行為」である（山村高淑「観光革命と二一世紀」）。

アニメに限らず、小説・映画・ドラマの舞台になった場所を訪れる行為はかつてから存在してきた。たとえばNHKの大河ドラマの舞台になれば大きな経済効果が見込めることから、地方自治体による誘致合戦が行われることは知られているだろう。マスメディアを通じて物語が与えられた場所に訪問者が集まることは織り込み済みであり、それ自体はもはや珍しい現象ではない。これらはコンテンツ・ツーリズムと総称され、二〇世紀以降の日本においてはメジャーな観光形態の一つになっている（増淵敏之『物語を旅するひとびと』）。

現在では、アニメに対しても地方自治体や観光協会による誘致が行われるようになっており、映画やドラマのコンテンツ・ツーリズムと同じ文脈に属することは間違いない。しかし、一口にアニメ聖地巡礼と言っても、対象となる場所はすでに数千箇所に及ぶ。聖地になる理由だけ考えても、実際にその場所の風景がアニメに用いられた場所、登場人物や作者にゆかりのある場所、登場人物の出身地などと設定される場所、アニメ制作会社の所在地など多岐に渡る。

また、聖地に選ばれる場所の性格を考えても、東京都心の寺社や郊外の住宅地のような日常的な風景もあれば、人気観光地である鎌倉や京都、世界遺産の岐阜県の白川郷など多くのパターンがあり、これらを一概に論じることはできない。そこで、ここではアニメ聖地巡礼の先駆けとなった埼玉県久喜市の鷲宮《わしのみや》神社の事例に注目してみたい。

埼玉県北東部の典型的なベッドタウンにある鷲宮神社にアニメ・ファンが訪れるようになったきっかけは、アニメ『らき☆すた』が放映されたことである。『らき☆すた』の原作は二〇〇三年から雑誌連載されている美水《よしみず》かがみの四コマ漫画である。四人の女子高生の生活を淡々とコミカルに描いた作品で、それがアニメ化されて二〇〇七年四～九月に放映された。同アニメでは、登場人物が鷲宮神社をモデルにした鷹宮《たかのみや》神社の巫女と設定され、町に古くからある鷲宮神社とそのすぐ横にある大酉《おおとり》茶屋が舞台として用いられた。当初は、同地が舞台であることに気づいた少数のファンだけが訪れ、写真を撮っていくだけであったという。

鷲宮神社に参拝するコスプレイヤー

その後、『らき☆すた』の舞台としてネットやアニメ雑誌などで紹介されることで、鷲宮神社はアニメ聖地として広く知られるようになる。住宅地でゲストが迷わないように、同人誌のガイドブックなども作成された。そして、地元商工会もそうしたファンの動きを察知し、数々のイベントが行われるようになる。また興味深いことに、これらのイベントの際には、本来はホストが行う会場整理といった役割を、ファンとして訪れた人々が自発的に分担する姿も見受けられる。

鷲宮神社への訪問者数は、アニメの放映終了後も減少していない。初詣客数を見てみると、アニメ放送前の二〇〇七年には九万人程度であったが、放送後の翌年には三〇万人と三倍以上に増えている。その後も増加を続け、二〇一四年には四七万人を記録している（「鷲宮神社　初詣客四年連続四七万人で〝巡礼〟定着」『毎日新聞』二〇一四年一月二四日）。

土師祭とらき☆すた神輿

鷲宮神社は同社を舞台とするアニメ放映によって知られるようになり、その後もアニメに絡めたイベントが行われることで多くの人を集めるようになった。こうした動きを先のパワースポットの類型に当てはめれば、強化型に分類できるだろう。つまり、神社に新たにアニメのイメージと物語が付加されることで、場所の持つ訴求力が地域を超えて働くようになったのである。

しかし、ここで注目したいのは、単にアニメの物語の挿入によって場所のイメージが多様化され、従来は神社と無縁だったアニメ・ファンのゲストが増加したという点だけではない。共同性という問題意識から考えた場合、鷲宮神社のケースには、比喩としての聖地という表現を超えたつながりの創出が見出せるように思われる。

そうした傾向が端的にうかがえるのが、毎年九月の第一日曜に行われる土師祭《はじさい》である。土師祭では、現在、二つの神輿が担がれている。メインは鷲宮神社に古くから伝わる神輿で、神社によれば、一七八九年に作られたものである。非常に大きくかなりの重さがあることから、千貫神輿と呼ばれている。土師祭では、昼と夜の二回、この千貫神輿が担がれる。

一方、二〇〇八年に登場したのが「らき☆すた神輿」である。これは、地元の人とアニメ・ファンのゲストが企画したもので、『らき☆すた』のアニメ・キャラクターが描かれた神輿である。土師祭に集まるアニメ・ファンから担ぎ手を募り、夜だけ担がれる。千貫神輿の後ろをついて進み、最後は鳥居前で二つの神輿が並ぶ。

千貫神輿

千貫神輿は関東最大級とも言われる威容を誇る。担ぎ手のほとんどは、はっぴに身を包んだ威勢の良い人々である。一方、らき☆すた神輿は千貫神輿よりも数段小さく、手作り感も否めない。担ぎ手も普段着のアニメ・ファンがほとんどである。二つの神輿は、一見、本物の神輿と偽物の神輿という対照的な存在であるように思われる。伝統的な祭りに、いかにもメディアが生み出した作りもののイベントが付加されているような印象を受けるのである。

らき☆すた神輿

観光社会学者の須藤廣《ひろし》は、日本全国の郊外化が進展した一九八〇年代頃から日本の観光空間の虚構性が高まったと指摘する。この時期の日本では、バブル経済によって、都市でも地方でも過剰な均質化が進んだ。その結果、各地域の固有性や日常が掘り崩され、それを補うように、観光が作り上げる虚構の非日常的空間が拡大した。だが、須藤によれば、観光が生み出す人工的な地域の固有性によって、かつての風土を取り戻すことは難しい。なぜなら、虚構性の高い観光化は商業戦略にすぎず、地域の一体感や共同体感覚のような持続的な共同性を生み出さないからである。

こうした観点から見れば、鷲宮神社のアニメ聖地化は、地域の文化や伝統の切り売りの上に成り立っているという批判も想定できる。言い換えれば、千貫神輿は本物の地域の伝統と風土のシンボルであり、作りもののイベントであるらき☆すた神輿がそれを侵食しているというものである。らき☆すた神輿は、所詮は商業戦略の賜物に過ぎず、地域の固有性や連帯意識の軸にはなりえないというのである。

しかし、少なくとも鷲宮の事例については、こうした批判はあてはまらない。なぜなら、そもそも千貫神輿も、新しいイベントとして担がれているのである。千貫神輿はその大きさのため、交代要員も含めると最低二〇〇人の担ぎ手を必要とする。かつては夏祭りの際に渡御《とぎょ》していたが、徐々に担ぎ手が減り、一九一三年にはすでに台車に乗せて引き回す形になっていたのである。

その後も人が担ごうという話は出たものの、実現することはなかった。千貫神輿が再び人の手で担がれるようになるのは、須藤が観光の虚構化が進んだ時期とする一九八三年になってからである。千貫神輿を担ぐための祭輿会が組織され、他の地域から担ぎ手を募ることで、再び人の手で担げるようになったのである。

現在、土師祭で千貫神輿を担いでいるのも、地元の埼玉をはじめ、東京・茨城・栃木・群馬など、関東一円から集まったいわゆる担ぐ会の人々である。彼らは鷲宮神社の氏子でもなければ、崇敬会に入っているわけでもない。担ぐ会の人々は神輿を担ぐことそのものに関心があり、都合が合えば、他の祭りにも出かけてゆく。

さらに重要なのが、土師祭の千貫神輿には神が宿っていないことである。神社側は神輿を提供するが、それ以上の宗教的な関与はしない。千貫神輿は神社前の商店街を往復するが、土師祭では境内に入ることもない。土師祭の主催は、神輿を人の手で担ぐことを目的とする祭輿会と地元の商工会・新聞社なのである。鷲宮神社の例祭でも千貫神輿は担がれることはなく、土師祭というイベントの時だけ担がれるのである。

アニメを通して場所と結びつく

ここで筆者が強調したいのは、千貫神輿もらき☆すた神輿も、イベントのための集客装置だということではない。そうではなく、観光文化によって地域に生じた新たな共同性を示唆するものとして、二つの神輿をとらえ返したいのである。

およそ一〇〇年前に千貫神輿が担げなくなったことは、鷲宮という地域の共同性の弱体化を示している。その後、一九八〇年代という日本全国の郊外化が進んだ時期に再びそれを人の手で担ごうとする運動が始まったことは、地域の固有性やアイデンティティを回復しようとする目論見《もくろみ》として理解できる。

そして、らき☆すた神輿も、同じように鷲宮を支える新たなつながりが生まれつつあることを示している。アニメ聖地巡礼はフィクションをきっかけに始動するため、表層的・商業的なものとして語られる。だが、らき☆すた神輿を担ぐのは、アニメがなければ鷲宮に足を運ばなかった人々である。彼らの多くは担ぎ手として毎年土師祭に参加し、祭り以外の時も鷲宮を訪れる。つまり、アニメを通じて、鷲宮という場所に一種の帰属感を抱いているのである。

観光研究者の山田義裕は、身体を媒介にしてネット空間と現実空間が結びつけられることで現実が多重化され、新たなツーリズムが生み出されることを指摘している。山田の見解は、熱い聖地には、しばしばホストやゲストのパフォーマンスがともなうことと重なる。始点がフィクションであっても、ファンにとって鷲宮は、神輿を担ぐという身体的パフォーマンスを通じて意味のある場所になる。そこが自分にとって特別な場所であることが、神輿を通して皮膚感覚で感じられるのである。

千貫神輿とらき☆すた神輿は、神が宿っていない点では、どちらも伝統的な意味での宗教的な装置ではない。だが、仲間意識や地域への帰属感といった共同性の観点から考えると、らき☆すた神輿の方が宗教的だと言うこともできる。鷲宮在住のホストである祭輿会のメンバーを除けば、千貫神輿の担ぎ手のほとんどは土師祭が終われば雲散霧消してしまう。翌年は、他に担ぎたい神輿やより都合の合う祭りがあれば、そちらに行くかもしれない。その意味で、千貫神輿はスポーツ神輿だと言える。

他方、らき☆すた神輿の担ぎ手にはリピーターが少なくない。らき☆すた神輿は、鷲宮が自分にとって他とは異なる重要な場所だと感じ、その場所との継続的なつながりを求める人々に担がれている。このように考えれば、より持続的な共同性によって支えられているのは、らき☆すた神輿だと言うこともできるのである。

秩父・定林寺の事例

地域の文化伝統とアニメが作り出したイメージが重なり合ったものとして、他には埼玉県秩父市の事例も興味深い。秩父では、一五世紀頃から地域の寺への巡礼が始められたと伝えられる。江戸時代になると、伊勢や四国に比べて江戸から近いこともあって庶民の間で人気が高まり、秩父三十四ヶ所巡礼として知られるようになる。

その札所の一つに定林寺《じょうりんじ》がある。現在では、路地の奥にひっそりとたたずみ、建物も特別に目を引くものではない。だが、二〇一一年四～六月にアニメ『あの日見た花の名前を僕達はまだ知らない。』が放映されると、同寺が背景として用いられ、多くの訪問者を集めるようになったのである。

同作は、幼馴染の男女六人の過去と現在を描いたもので、首都圏であるにもかかわらず、山に囲まれた秩父がノスタルジックな雰囲気を醸す舞台として効果的に使われている。秩父駅前、秩父大橋、秩父神社なども舞台として用いられ、街をあげてのアニメ聖地巡礼による観光誘致が行われた。また、池袋から秩父までの路線を運営する西武鉄道も積極的な宣伝活動を行った(川崎のぞみ「秩父三十四ヵ所 定林寺」『聖地巡礼ツーリズム』)。

さらに秩父の椋《むく》神社には、毎年一〇月に行われる龍勢祭《りゅうせいまつり》と呼ばれる神事がある。これは龍を模した火薬を詰めたロケット型の狼煙《のろし》を打ち上げるもので、アニメにも重要なイベントとして登場する。二〇一一年からは、龍勢祭もアニメとタイアップするようになった。打ち上げの際にアニメ・キャラクターの声優による口上などが行われ、一〇万人もの人を集めるようになったのである。

もちろん、あらゆるアニメ聖地が地域の伝統や宗教文化と調和的に結びつくわけではない。パワースポットの場合と同じように、主にネット環境の拡充によって流通する情報量が増えただけで、ホスト・ゲストの関わりや地域文化との重なりが見られないものもある。その点、鷲宮や秩父は特異な事例と言えるかもしれない。

3　イベント的聖地の興隆

一人だけの宗教は成り立つのか

アニメ聖地巡礼に端的に見られるように、現代では、従来の宗教とは異なる文脈の中で聖地が作られることがある。アニメの背景に登場したというだけで、住宅地にたたずむ神社が聖地として人を集めるようになる。アニメ聖地巡礼は、パワースポットの事例よりも、さらに伝統宗教との関係が希薄になった形で生じる出来事なのである。

それでは、価値観と世界観が多様化する現代社会では、この先も、宗教とはまったく無関係に熱い聖地が生み出され続けてゆくのだろうか。たしかに近年のパワースポット・ブームはそうした状況を予感させる。雑誌やテレビである場所が聖地として紹介されれば、一定数の人々は訪れるようになる。

あるいは、世界に一人でもその場所を聖なる場所だと信じる人がいれば、そこは聖地になるのか。すでに見てきたように、熱い聖地は、公的な制度や組織による保証を必要としない。だとすれば、たった一人でも、その場所を聖地にするために積極的な関与やパフォーマンスをする人がいれば、聖地は成立するのだろうか。

原理的には、誰か一人でもそこを聖なる場所だと信じる人がいれば、そこを聖地と言うことはできなくもない。しかし、一個人の信念だけに基づく聖地が社会的に意味を持つことはないだろうし、その場所が世代を超えて受け継がれることもない。そして、一個人や世代を超えて共有されることがなくては、そもそも、その場所を聖地と呼ぶ意味はないだろう。重要なのは、ある場所が聖地として、社会的に表現され共有されることである。

ある場所が聖地として社会の中に姿をあらわすには、そこが聖なる場所として語られ、イメージされ、訪れられなければならない。その場所を聖なる場所として社会的に表象する人々が不可欠なのである。このように、共同体意識や帰属感といった聖地を支える共同性を考えれば、聖地が無限に乱立してゆく状況にはならないように思われる。

ここでは聖地の共同性を考えるための補助線として、フランスの社会学者D・エルヴュ＝レジェの理論を参照してみたい。エルヴュ＝レジェが問題とするのは、宗教の私事化の進展の果てに何が起こるかである。現代では、個々人が自分の意思や嗜好に合わせて、独自の信念体系を構築するようになっている。それではその結果として、究極的には、世界で一人しか信じていない信仰が無数に生まれるのかということである。

この問いに答えるために、エルヴュ＝レジェは、ある信念が社会的に承認される四つのパターンを提示する。つまり、（A）制度による正当化、（B）共同体による正当化、（C）相互的な正当化、（D）自分自身による正当化である。

（A）と（B）はカトリック教会や新宗教の集団に相当する。社会的に認知された制度や組織の中で、その信仰が正当だと確認される。要するに、一定の規模を誇る教団が掲げる教義である。

他方、（C）は、確固とした制度や組織に支えられていない。同じような考え方を持った人々が緩やかに結びつくことで、信仰が正当化される。メンバーの出入りが比較的自由なサークル的空間やネットで自分と同じような考え方をする人と出会い、交流を通じて自分たちの信念を確かなものにするケースである。そして、（D）は、一個人が、自分の信仰の正しさを直感的に確信するケースである。

エルヴュ＝レジェは、この四類型を示しつつも、即座に（D）自分自身による正当化を否定する。なぜなら、（D）は主観的な確信以外の裏づけを持たない。そのような信念は他者に受け入れられる可能性が低く、社会的に存続しないからである。現代では、私事化によって、個性的な信念があふれるようになっている。だが、エルヴュ＝レジェによれば、何らかの形で他者と共有されるものでなくては持続しない。言い換えれば、社会的に持続する信念とは、自分以外の制度・組織・他者によって共有されたものなのである。

聖地の四類型

右のエルヴュ＝レジェの議論からは、聖地についても、それを支える共同性に注目して四つの類型を理論的に導くことができる。つまり、（a）制度的聖地、（b）共同体的聖地、（c）イベント的聖地、（d）個人的聖地である。

（a）制度的聖地としては、国教などその社会で歴史的に強い影響力を持ってきた宗教が定めた聖地、ユネスコのようなグローバルな組織が承認する場所が想定できる。要するに、ある社会や文化圏において、その価値が疑われることが滅多にない場所である。

具体的には、キリスト教のエルサレム、イスラームのメッカなどである。日本では伊勢神宮、高野山、比叡山、富士山などが挙げられるだろう。他にも、広島の原爆ドームや、米国の国立戦没者墓地であるアーリントン墓地などを含めることができる。

（b）共同体的聖地は、国家ほどの広がりを持たない特定の社会集団によって支えられる場所である。日本では新宗教集団である天理教が聖地とする天理市、日蓮宗総本山が置かれる身延山《みのぶさん》、京都の本願寺、海外ではニューエイジャーが集まるセドナ、グラストンベリーなどが挙げられる。

（C）の相互的な正当化からは、共同体意識や帰属感の限定性に注目して、（c）イベント的聖地という概念を導いてみたい。一時的にその場を共有する人々によって支えられる聖地である。多くのパワースポットやアニメ聖地は、ここに含まれるだろう。

イベント的聖地の他の例としては、米国で毎年夏に行われるバーニング・マンが挙げられる。八月終わりから九月初頭の一週間の会期中、ネバダ州の何もない荒野に数万人が集まり、ブラックロック・シティという人工的な街を形成する。期間中は、音楽、演劇、ヨガ・座禅・ヒーリングなどのワークショップ、アートの展示などが行われる。そして、最後の夜、街の中心にシンボルとして作られた巨大な人型オブジェであるザ・マンが焼き払われる。一九六〇年代のヒッピー文化を引き継ぐものであり、メンバーの流動性や一過的なコミュニティ形成などから、イベント的聖地としてとらえることができる。

日本の例としては、渋谷のスクランブル交差点が挙げられる。同所は、大晦日の年越しカウントダウンやサッカー・ワールドカップなどの際に人々が集まり、交差点内でハイタッチを繰り返す現象が起こることで知られている。この現象を都市の祝祭として論じた髙久舞は、ハイタッチの参加者が一時的に結びつき、二度と同じメンバー構成にならないことから、伝統的な祭礼と区別して位置づけている。
(D)自分自身による正当化からは、支えとなる共同性をもたない(d)個人的聖地が導ける。要するに、一個人が聖地だと感じる場所である。あえて例を挙げれば、家の墓などだろう。もちろん、そうした場所が各人にとってかけがえのないものであることは言うまでもない。だが、それらは社会的に一定以上の広がりを持ちえないものである。

つながりの宗教性

さて、制度的聖地、共同体的聖地、イベント的聖地、個人的聖地という類型を見てきた。ここで重要なのは、エルヴュ＝レジェの理論を念頭におけば、共同体意識や帰属感のような共同性こそが宗教性を支えていると言える。エルヴュ＝レジェの主張の眼目は、宗教的信念が人々を取りまとめるのではなく、まとまった人々が共有することで宗教的信念が成立可能になるという点にある。共同性に先立って宗教的なものがあるわけではなく、共同性をともなうことで初めて宗教的なものが立ちあらわれるのである。

現代社会の特徴の一つは、人々の価値観や世界観が多様化する私事化である。自分と同じような考え方や信念を持つ人が相対的に減少しており、個人と個人が何かを共有できる可能性が低くなっている。社会学者の鈴木謙介は、こうした共同性の希少化について次のように指摘している。

鈴木の『カーニヴァル化する社会』によれば、現代社会では固定的・永続的な共同体の構築が困難になっている。その結果、「共同性――「繋がりうること」の証左を見いだすこと――をフックにした、瞬発的な盛り上がりこそが、人々の集団への帰属感の源泉」になるという。共同性が珍しくなったため、持続的でしっかりとしたつながりではなく、つながれるかもしれないという可能性だけでも、個人に帰属感やアイデンティティを与えるようになるのである。

鈴木の議論は、とりわけ二〇〇〇年代以降、聖地や聖地化という言葉が頻繁に用いられることも説明している。聖地という表現は、従来から、高校球児にとっての甲子園を指す際などに用いられてきた。近年では、前節で見たアニメ聖地巡礼をはじめ、誰でも足を運べる場所でも、ある程度関心や趣味を同一にする人々を集める場所に聖地という言葉が冠される。例を挙げればきりがないが、毎夏行われる大規模野外音楽イベントの会場や、コミックマーケットの会場となる東京ビッグサイトも聖地と呼ばれる。これらは基本的には商業ベースのイベントである。趣味性の高い店舗がひしめく秋葉原も、街そのものが聖地と呼ばれるが、客観的に見れば、商品の消費のために人々は集まっているのである。

しかし、それでも趣味嗜好や価値観が細分化した現代では、集まりそのものが貴重に感じられ、比喩ではあれ、聖地という言葉が用いられると思われる。先に挙げた米国のバーニング・マンと野外音楽イベントが形態的にはほとんど似通っていることも示唆的だろう。現代ではメンバーの流動性や一過性を特徴とするイベント的聖地が、私事化によって損なわれた共同性を補うように増加しているのである。

神なき聖地

しかし、こうした形での聖地巡礼の興隆は、たしかに世俗化社会において、広い意味での宗教的なものと接する機会を増やしているのだが、同時に、伝統的な宗教のあり方を衰退させもする。とりわけ、イベント的な聖地の増加によって、この傾向は後押しされる。イベントという言葉の本来の意味を考えれば明らかなように、イベント的聖地の本質は、インパクトのある要素を前面に打ち出し、一時的であれ多くの人を集めることにある。

民俗学者の小松和彦は、ハレとケという民俗学の古典的な概念を用いて、増加するイベント的な祭りについて興味深い議論を展開している。ケとは、同じパターンの繰り返しである日常生活を指す。一方、ハレは、晴れ舞台や晴れ着といった表現があるように、特別な出来事によって飾られる非日常的な局面を指す概念である。伝統的な社会では、ほとんどの時間をケが占めていた。そして、節目節目に村の祭りや結婚式のような数少ないハレの日があったのである。

しかし、小松によれば、こうしたハレとケのバランスは崩れている。かつてはケであった日常生活も、社会の情報化と消費化にともなってハレ化された。現代社会は、ハレとケの境界が曖昧になったハレハレ社会であるという。つまり、ハレが日常化されてしまっており、その結果として、さらに強度のあるハレを求めて、新たな祝祭が作り出されているという。そして、小松がその典型として挙げるのが、地域おこしなどのためのイベント的な祭りである。

イベント的な祭りにはたしかに多くの人々が集まり、非日常的な時空が出現するように思われる。だが小松は、それらに「神が迎えられない」ことを指摘し、それによって本物の祭りと区別する。

祭りとイベントとの大きな相違は、神の祭祀の有無にある。祭りは、神とその信者との関係を確認・強化し、合わせて信者集団の結束も強化する。したがって、祭りは祭りの信者・担い手のための行事であり、信者によっていっさいが担われる。そこで消費されるものは浪費であって、経済的効果を期待していない。〔…中略…〕ところが、イベントはこれとは大きく異なる。イベントでは、主催者が意識するのは、「神」ではなく「客」である。主催者は客の反応を一番に気にする。（『祭りとイベント』）

小松によれば、祭りの機能は信者同士のつながりの強化である。一方、イベントの本質は客相手の経済活動である。つまり、イベントと祭りは、共同性の創出か経済的消費かで区別されるのである。

本書で取り上げてきた今戸神社、キリストの墓、鷲宮神社といった事例は、そのままでは忘れられてしまう場所が、観光戦略によって多くの人を集めるようになった。そこでは経済効果も一つの目的だが、従来とは異なる形で共同性が生み出されていた。サンティアゴ巡礼や熊野古道においても、ゲスト同士の結びつきやホストの地域に対する情緒など、観光化によってつながりが強化されていると考えられる。しかし、すべての聖地がそうであるわけではない。共同性がまったく持続しないその場限りのものであったり、客相手の経済活動としての性格しか持ち合わせていない場所は、神なき聖地と言わざるをえないのである。

4 宗教の新しい場所

日常から遠ざかる伝統宗教

今後もパワースポット的なものであれ、アニメ聖地巡礼であれ、個々人の能動的な関与とパフォーマンスに基づく熱い聖地は増加してゆくだろう。サンティアゴ巡礼や四国遍路のような伝統的な聖地巡礼も、徒歩巡礼というプロセスの再発見によって熱を帯び、人々を惹きつけると思われる。現代の聖地は、どこか隔絶された場所に存在するのではなく、人々の交流の真っただ中で作られる。

より大きく現代宗教論としてとらえ返してみると、こうした宗教と観光の融合による聖地巡礼の興隆は、世俗化・私事化による宗教の掘り崩しをさらに加速させるものとして理解できる。現代の宗教研究において聖地巡礼が注目された理由の一つは、教会に信者の姿が見当たらないことであった。教会に通うのは一部の高齢の信者が中心なのに対して、聖地には若い巡礼者の姿が多く見られることから、聖地巡礼は注目を浴びた。日本でも、宗教と日常的に関わる人は減少しているが、観光の一環でのパワースポット巡りや、スタンプラリー感覚での御朱印集めといった形で宗教に接する人々は増えている。

しかし、観光によって宗教に触れる機会が増えても、日常的な宗教生活が再活性化されることは考えにくい。観光と結びつくことで、宗教は公的な空間に再登場するようになった。だが、観光化とは、宗教文化や伝統の中からインパクトのある要素を選び出し、意図的に編集を加え、そこだけに強い光をあてて強調するプロセスである。言い換えれば、インパクトがなかったり、一時的な消費に適さない要素は無視されたり排除されてしまうのである。

たとえば、ある旅行社が提供する青森県と秋田県のパワースポットを巡る二泊三日のツアーがある。スピリチュアルな体験を売りにするそのツアーの行程には、秋田の涙の聖母像、なまはげの伝承館、大湯《おおゆ》環状列石《かんじょうれっせき》と黒又山《くろまたやま》、キリストの墓、三内丸山《さんないまるやま》遺跡、岩木山神社など、多くの要素が詰め込まれている。まさに宗教の私事化と観光化が生み出した典型的なツアーだと言える。立ち寄る場所は、それぞれ興味深い聖地や歴史的な遺構である。しかし、このツアーの参加者が、そこで得た体験から地域の寺社との日常的なつながりを取り戻すことは考えにくいだろう。

現代の聖地に見られる信仰なき巡礼者とは、要するに、従来は常識とされてきた伝統宗教の知識や実践を知らない人々である。だが、観光化された聖地巡礼を通じて宗教に触れている限り、彼らの知識や日常的な宗教実践の欠落が埋められることはない。観光との融合による聖地巡礼の活性化は、伝統宗教との関わりをますます減らしてゆくと考えられる。

記憶のための聖地巡礼

しかし、筆者は、伝統的な宗教生活の衰退を嘆いているわけではない。これから観光化の方法はさらに充実し、従来のような形で宗教や宗教文化に日常的かつ全体的に関わる人は減ってゆくだろう。注目したいのは、そうした中で、宗教が社会の中で占める位置がどのように変化するかである。

こうした宗教の新しい位置を示唆するものとして、東北お遍路プロジェクトに触れておきたい。このプロジェクトは、東日本大震災の犠牲者の慰霊と鎮魂のために、被害の大きかった福島・宮城・岩手・青森の有志によって進められている。公募で寄せられたアイディアを元に震災の被害を留めた巡礼ポイントを選出し、それらを一つの巡礼世界として提示することで、震災の記憶を長く伝えてゆくことを目的としている。二〇一四年現在、八九の巡礼ポイントが暫定的に選ばれ、特定の宗教を想起させない独自のデザインの標柱も建てられ始めている。

これまで見てきたように、場所にまつわる物語や記憶が社会的に共有されることで、そこは聖地として立ち上がる。東北お遍路プロジェクトは、聖地のこのような特徴を利用したものだと言える。つまり、聖地を作り出すことで、記憶を世代を超えて伝えようというのである。ここで注目したいのは、巡礼地として選ばれた場所である。

まず、地域に根づいた寺社、地蔵、稲荷などが多く選ばれている。それらのほとんどは地域外には知られておらず、街角の小祠《しょうし》などは、地元の人でも名前を知らないものがあると思われる。だが、こうした宗教施設の多くは、震災の時に避難場所になったり、その後の再建活動の要となった。数百年単位で受け継がれてきた場所が、震災後の危機と復興のシンボルとなり、聖地としてあらためて認識されたと言える。

そして、巡礼地のリストには、陸前高田市の奇跡の一本松、仙台空港、市街地に打ち上げられた漁船・第一八共徳丸などをはじめ、釜石市浜町の避難道路、道の駅大谷海岸はまなすステーションなどが含まれている。言うまでもなく、これらは宗教施設ではない。だが、震災の記憶を伝えるために、聖地として選出されたのである。

震災について知識のない人には、奇跡の一本松もただの松にしか見えない。だが、震災の記憶を共有する人々にとっては、一本松は、それ以外の七万本の松を流し去った津波被害の恐怖を留める唯一無二の場所である。一本松は枯死してしまっていたのだが、復興の聖地とするべく、一億円を超える費用をかけて修復されている。その場所にまつわる物語が共有されることで聖地は出現する。逆に言えば、記憶を場所と結びつけ、聖地として共有することで長期にわたる伝達が可能になるのである。

東北お遍路プロジェクトは、聖地巡礼という伝統的な宗教システムを利用して、記憶を伝達する試みとして興味深い。具体的な場所があるからこそ、そこをフックに人々が結びつき、つながりがあるからこそ、そこは聖地として成立する。場所に根づいた共同性によって、震災の記憶が世代を超えて伝えられるのである。東北お遍路は、既存の教団や宗教伝統とは結びつかない。だが、聖地巡礼を利用して聖なる記憶を生み出そうとしている点で、宗教的な試みとして理解できるのである。

変わる宗教と社会の関係

本書では、現代社会において、客観的に見れば他と変わらない空間が、なぜ聖地になるのかを考えてきた。従来、聖地は、カトリック教会や仏教の総本山のような宗教制度によって管理・統制されてきた。どこが聖なる場所であるのかは制度的に定められていた。誰が巡礼者であるのかは、その宗教の教義や規範に照らせば容易に判断することができた。

しかし、世俗化社会では宗教制度の影響力と管理力が公的領域から排除されることで、あらゆる場所が均一なものとしてとらえられる。伝統的な宗教の秩序や序列が共有されず、社会全体がどこかを特別な場所として共有することは難しくなっている。別の角度から見れば、こうした状況は、宗教が既存の伝統や教団から溢れ出て、世俗的な領域に浸透し始めたこととして理解できる。

現代では、個々人やメディアといった宗教の外にある主体が、ある程度自由に場所を巡る語りやイメージを編集し、聖地を作り出すことが可能になっている。時として伊勢神宮と分杭峠が同じレベルで比較され、場合によっては後者の方が効能が高いと語られる。つまり、その聖地の宗教的・歴史的な価値と位置づけだけでなく、その場所についてどのようなイメージが流布しており、その場所が人々にいかなる体験を与えるのかという側面が重要になっているのである。

現代の聖地を支えているのは伝統や教義だけではない。そこを唯一無二の場所に変える物語とそれを共有する人々のつながりが不可欠である。場所と共同性の持続的な往還運動の中で、聖なる場所が立ちあらわれてくるのである。そして、こうした共同性に支えられた聖地巡礼の興隆は、宗教的なもののありかが、伝統的な寺社・教会・教団といった組織から、個々人のつながりへと移行していることを示している。

世俗化社会において、宗教は必ずしも教会や教団のような容れ物を必要としなくなっている。宗教的なものは世俗領域の中に溶け込むようになっており、聖地巡礼の興隆は、宗教と社会の新たな関係性のあり方を指し示しているのである。

あとがき

本書の執筆に際してもっとも難しかったのは、宗教と観光という比較的新しいテーマについて平明に論じることであった。

本書の結論をまとめれば、次のようになる。現代社会では聖地巡礼と観光が混ざり合い、それぞれ社会の中で位置づけ直されている。そしてその結果、従来の宗教研究や観光研究の枠組みではとらえ切れない変容が生じている。

たったこれだけのことであるが、その融合の仕方や変容には、地域や宗教によってさまざまなパターンが見られる。また、そうしたパターンを個別に検証することで、現代宗教について多くの洞察を引き出すことができる。そして、こうした宗教と観光の変容は社会の近代化に由来するものであり、つきつめれば、私たちが社会に対して持つ意識や、世界を体験するあり方にも関わるのである。

本書では、さまざまな事例を扱った。カトリックの聖母出現、スペインのサンティアゴ・デ・コンポステラ巡礼、世界文化遺産に指定された聖地、オカルト文化が生み出した聖地、パワースポット、アニメ聖地巡礼などである。

こうした種々の事例を取り上げたのは、現代宗教の微細な変化を博物学的興味から採集するためではない。近代化という大きな潮流の中での宗教変容の考察が今後の宗教研究には不可欠であり、その際、従来は世俗と呼ばれて顧みられてこなかった領域に光をあてなければならない、という問題意識からである。

このような立場から、多くの事例を取り上げ、できる限り分かりやすく書いたつもりである。本書で扱った事例は、特段の信仰心もない筆者自身が巡礼したり、歩いたり、登ったり下りたり、泊まったり、遭難しかかった場所である。実体験も踏まえながら、できるだけ地に足の着いた議論を心がけた。専門用語の使用もできるだけ避けたつもりである。こうした試みがどこまで奏功したかは、読者諸賢に委ねるほかはない。

多くの縛りのある執筆作業は容易ではなかったが、筆者自身がこれまで理解したことにして放擲してきた議論や概念について、あらためて考え直す機会にもなった。人文社会系の研究者にとって、自分の昔の論考は色々な意味で羞恥心をかきたてる。向う見ずなテーマを設定していたり、重箱の隅をつつくような議論ばかりしていたり、衒学的な用語を使っていたりと、理由は無数にある。本書の執筆に際して自分自身の過去の論文を引っ張り出すこともあったが、できれば向き合いたくない過去の幾分かは昇華させることができたような気もしている。

こうした執筆作業ができたのは、筆者が聖地巡礼の研究を始めた大学院生の時以来、多くの方から御指導と御助力を頂戴したためである。すべての方に御礼を申し上げたいが、ここでは本書の執筆に限って、お名前を挙げさせていただく。

まず、宗教と観光というテーマを示し、聖地巡礼研究の手ほどきをして下さった山中弘先生（筑波大学）と星野英紀先生（大正大学）に御礼申し上げたい。先人が示した学識を受け継ぎ展開することを「巨人の肩の上に立つ」と慣用的に表現する。筆者は未だ両先生の肩までたどりつくことができないが、本書が両先生の切り拓いた研究領域の中で何らかの意味を持つことがあれば望外の喜びである。

筑波大学大学院の学友である天田顕徳氏、川崎のぞみ氏、デラコルダ・ティンカ氏、問芝志保氏には、貴重な資料と有益な御指摘をたくさん頂戴した。四氏のおかげで、多くの誤りが訂正され、文章も随分と読みやすくなったはずである。

二〇一四年八月には、日本の観光研究の拠点の一つである北海道大学大学院国際広報メディア・観光学院において報告する機会を頂戴した。宗教研究を出自とする筆者には、いくつも発見のある大変貴重な場であった。とりわけ宇佐見森吉先生、清水賢一郎先生、西川克之先生、増田哲子先生、山田義裕先生、山村高淑先生から賜った御指導によって、筆者の今後の研究方針も垣間見えてきた。また、鎗水孝太氏にも草稿をチェックしていただき、感謝の申し上げようもない。

本書第2章では、サンティアゴ・デ・コンポステラ巡礼を取り上げた。ここは筆者が初めて調査研究の対象に選んだ聖地巡礼であり、博士論文執筆時には、新屋重彦先生（成蹊大学）から御自身の巡礼体験を踏まえながら御指導いただいた思い出深い事例である。新屋先生は二〇一一年に急逝されたため、本書を御高覧いただけないのは残念でならない。同大での筆者の講義をきっかけに学生が毎年サンティアゴ巡礼に出かけるようになったことを、せめてもの先生への御礼としたい。そして、貴重な夏休みを地の果てへの旅に費やし、現地の新しい情報や資料を御提供くださった小田切真梨氏、大槻美保氏、古賀恵理子氏に感謝したい。

最後に、本書の編集を御担当いただいた上林達也氏に衷心より御礼申し上げたい。上林氏が拙著を御覧になり、お声がけ下さったことで本書の企画は始まった。上林氏が筆者の曖昧なイメージを具体的な目次に絞り込み、資料を収集し、拙い草稿を何度も読んで下さらなければ、本書が完成することはなかった。執筆を通して、同氏の熱意と人柄に触れられたことは筆者にとってかけがえのない経験であった。
　こうした先学諸賢の御指導と御鞭撻によって本書はようやく完成した。己の非才は別として、本書が少しでも多くの読者の目に触れることを祈らずにはいられない。

二〇一五年一月

岡本亮輔

Timothy, D.J. and S.W. Boyd, *Heritage Tourism*, Harlow: Prentice Hall, 2003.

Tomasi, L. "Homo Viator: From Pilgrimage to Religious Tourism via the Journey," *From Medieval Pilgrimage to Religious Tourism*, William H. Swatos, Jr., and L. Tomasi, eds., Westport, CT: Praeger, 2002.

Turner, V. "The Center Out There: Pilgrim's Goal," *History of Religions*, 12(3), 1973.

Turner, V. and E. Turner. *Image and Pilgrimage in Christian Culture*: Anthropological Perspectives, NY: Columbia UP, 1978.

【ウェブサイト】

青森県庁：http://www.pref.aomori.lg.jp/

天橋立観光協会：http://www.amanohashidate.jp/powerspot/

伊那市観光協会：http://inashi-kankoukyoukai.jp/cms2/archives/4411

今戸神社：http://members2.jcom.home.ne.jp/imadojinja/T1.htm

カトリック中央協議会：http://www.cbcj.catholic.jp/jpn/

清須市：http://www.city.kiyosu.aichi.jp/kiyosu_brand/power_spot.html

笹川スポーツ財団「行政と村民一体となり村おこしを」：http://www.ssf.or.jp/practice/commu/interview20_02.html

「四国八十八箇所霊場と遍路道」世界遺産登録推進協議会：http://88sekaiisan.org/

静岡県統合基盤地理情報システム：http://www.gis.pref.shizuoka.jp/

新郷村：http://www.vill.shingo.aomori.jp/

長崎巡礼センター：http://www.nagasaki-junrei-center.jp/

文化庁：http://www.bunka.go.jp/

明治神宮：http://meijijingu.or.jp/

メジュゴリエの聖母出現：http://www.medjugorje.hr/

八幡市：http://www.city.yawata.kyoto.jp/0000001142.html

CSA（フランスの世論調査）：http://www.csa.eu/

【写真】

トリノの聖骸布、ピオ神父：アフロ。その他の写真は全て著者提供

Th・ルックマン『見えない宗教——現代宗教社会学入門』赤池憲昭／ヤン・スィンゲドー（訳）、1976年

【外国語文献】

Aladel, M. *La Médaille Miraculeuse: Origine, histoire, diffusion, résultats*, Paris: Pillet et Dumoulin, 1878.

Alonso, J.M, B. Billet, B. Bobrinskoy, R. Laurentin et M. Oraison. *Vraies et fausses apparitions dans l'église*, Paris: P. Letheilleux, 1976.

Beckford, J.A. *Social Theory & Religion*, Cambridge: Cambridge UP, 2003.

Boers, A.P. *The Way is Made by Walking: A Pilgrimage Along the Camino de Santiago*, Downers Grove: InterVarsity, 2007.

Brown, D. "Genuine Fakes," T. Selwyn ed., *The Tourist Image: Myths and Myth Making in Tourism*, NY: John Wiley & Sons, 1996.

Cohen, E. and S.A. Cohen. "Authentication; Hot and Cool," *Annals of Tourism Research*, 39(3), 2012.

Delakorda Kawashima, T. "Current Trends in Behavior of Visitors to Medjugorje: Pilgrims and Tourists as Metaphor", Katić, M., T. Klarin and M. McDonald eds., *Studies on Southeast Europe*, Wien-Berlin-London: Lit Verlag, 2014.

Dupront, A. *Du Sacré: Croisades et pèlerinages, Images et langages*, Paris: Gallimard, 2005.

Eade, J. and M.J. Sallnow eds., *Contesting The Sacred: The Anthropology of Christian Pilgrimage*, Urbana: University of Illinois Press, 2000.

Graburn, N. "Tourism: The Sacred Journey," V. Smith ed., *Hosts and Guests: The Anthropology of Tourism*, Oxford: Blackwell, 1977.

Hervieu-Léger, D. Le *Pèlerin et le converti: La religion en mouvement*, Paris: Flammarion, 1999.

Lambert, Y. *"A turning point in Religious Evolution in Europe," Journal of Contemporary Religion*, 19(1), 2004.

MacCannell, D. *The Tourist: A New Theory of the Leisure Class*, NY: Schocken, 1976.

Muller, C. et J.R. Bertrand. *Où sont passes les catholiques?: Une Géographie des catholiques en France*, Paris: Desclée de Brouwer, 2002.

良県立商科大学、2001年
真鍋祐子「韓国人のエスニシティ形成と白頭山『巡礼』——その歴史社会学的考察」『現代韓国朝鮮研究』第一号、現代韓国朝鮮学会、2001年
真鍋祐子「アイデンティティ・ポリティクスとしてのツーリズム——中国東北部における韓国のパッケージ・ツアーの事例から」『文化人類学』74（1）、日本文化人類学会、2009年
南直哉『恐山——死者のいる場所』新潮新書、2012年
宮田登『江戸のはやり神』筑摩書房、1993年
森正人『四国遍路の近現代——「モダン遍路」から「癒しの旅」まで』創元社、2005年
安田慎「産業化するシリア・シーア派参詣——イスラーム旅行会社が創り出す秩序」『イスラーム世界研究』5（1-2）、2012年
山田厳子（監）『新郷の民俗——青森県三戸郡新郷村』弘前大学人文学部民俗学実習調査報告書Ⅲ、2011年
山田義裕「拡張現実の時代のコミュニケーションとツーリズムの新たな可能性」『観光創造研究』9、北海道大学観光学高等研究センター、2013年
山中弘「長崎カトリック教会群とツーリズム」『哲学・思想論集』33、筑波大学人文社会科学研究科哲学・思想専攻、2007年
山中弘「『宗教とツーリズム』事始め」平成18年度～20年度科学研究費補助金（基盤研究〔B〕）研究成果報告書『場所をめぐる宗教的集合記憶と観光的文化資源に関する宗教学的研究』、2009年
山中弘（編）『宗教とツーリズム——聖なるものの変容と持続』世界思想社、2012年
山村高淑「観光革命と21世紀——アニメ聖地巡礼型まちづくりに見るツーリズムの現代的意義と可能性」『メディアコンテンツとツーリズム——鷲宮町の経験から考える文化創造型交流の可能性』観光学高等研究センター叢書、第一号、2009年
山村高淑『アニメ・マンガで地域振興——まちのファンをうむコンテンツツーリズム開発法』東京法令出版、2011年
横田直美「サンティアゴ巡礼の現代性——統計にみる近年の巡礼者増加を手がかりとして」『人文論究』57（2）、関西学院大学人文学会、2007年
吉田悠軌『ホラースポット探訪ナビ』学研パブリッシング、2014年
頼富本宏（編）『聖なるものの形と場』法蔵館、2004年

富士山世界文化遺産登録推進両県合同会議『富士山推薦書原案』2011年
藤野陽平『台湾における民衆キリスト教の人類学——社会的文脈と癒しの実践』風響社、2013年
U・ベック『〈私〉だけの神——平和と暴力のはざまにある宗教』鈴木直（訳）、岩波書店、2011年
別所裕介「現代チベットの聖地巡礼から見る宗教復興——改革開放期の仏教伝統と民衆儀礼」『国際協力研究誌』13、2007年
別所裕介『ヒマラヤの越境者たち——南アジアの亡命チベット人社会』デザインエッグ社、2013年
星野英紀『巡礼——聖と俗の現象学』講談社、1981年
星野英紀『四国遍路の宗教学的研究』法藏館、2001年
星野英紀・浅川泰宏『四国遍路——さまざまな祈りの世界』吉川弘文館、2011年
星野英紀・山中弘・岡本亮輔（編）『聖地巡礼ツーリズム』弘文堂、2012年
堀江宗正『スピリチュアリティのゆくえ——若者の気分』岩波書店、2011年
前島訓子「交錯する「仏教聖地」構築と多宗教的現実——インド・ブッダガヤの「仏教聖地」という場所の形成」『日本都市社会学会年報』31、日本都市社会学会、2013年
D・マキャーネル『ザ・ツーリスト——高度近代社会の構造分析』安村克己・須藤廣ほか（訳）、学文社、2012年
Sh・マクレーン『カミーノ——魂の旅路』山川紘矢・山川亜希子（訳）、飛鳥新社、2001年
増淵敏之『物語を旅するひとびと——コンテンツ・ツーリズムとは何か』彩流社、2010年
松井圭介「創り出される聖地巡礼——長崎カトリック教会の事例」菊地俊夫（編）『観光を学ぶ——楽しむことからはじまる観光学』二宮書店、2008年
松井圭介「世界遺産・観光・宗教——キリシタンをめぐって交差するまなざし」『現代宗教2008』秋山書店、2008年
松井圭介『観光戦略としての宗教——長崎の教会群と場所の商品化』筑波大学出版会、2013年
D・マッカネル「演出されたオーセンティシティ——観光状況における社会空間の編成」遠藤英樹（訳）、『研究季報』11（3）、奈

ト・ツアーをめぐって」西井涼子・田辺繁治（編）『社会空間の人類学――マテリアリティ・主体・モダニティ』世界思想社、2006年
塚田穂高・碧海寿広「〔国内〕現代日本「宗教」情報の氾濫――新宗教・パワースポット・葬儀・仏像に関する情報ブームに注目して」国際宗教研究所（編）『現代宗教〈2011〉』秋山書店、2011年
Ch・テイラー『「ほんもの」という倫理――近代とその不安』田中智彦（訳）、産業図書、2004年
Ch・テイラー『今日の宗教の諸相』伊藤邦武・佐々木崇・三宅岳史（訳）、岩波書店、2009年
寺戸淳子『ルルド傷病者巡礼の世界』知泉書館、2006年
寺戸淳子「〈証し〉と〈開示〉――聖地ルルドの映像化にみる「苦しむ人々」の伝え方」、新井一寛・岩谷彩子・葛西賢太（編）『映像にやどる宗教――宗教をうつす映像』せりか書房、2011年
土井清美「旅を栖とす――サンティアゴ徒歩巡礼における身体・場所・動き」『超域文化科学紀要』14号、2009年
土井清美「移動する身体の〈ランドスケープ〉――相互応答性・偶発性・歴史」『コンタクト・ゾーン』5号、2012年
中野毅『宗教の復権――グローバリゼーション・カルト論争・ナショナリズム』東京堂出版、2002年
中谷光月子『サンティアゴ巡礼へ行こう！――歩いて楽しむスペイン』彩流社、2004年
西川克之「まなざしの詐術――英国における観光の近代化に関する一考察」石森秀三（編）『大交流時代における観光創造』70、北海道大学大学院メディア・コミュニケーション研究院、2008年
野本寛一『神と自然の景観論――信仰環境を読む』講談社、2006年
橋本和也『観光人類学の戦略――文化の売り方・売られ方』世界思想社、1999年
橋本和也『観光経験の人類学――みやげものとガイドの「ものがたり」をめぐって』世界思想社、2011年
S・バルネイ『マリアの出現』近藤真理（訳）、せりか書房、1996年
L・ピクネット＆C・プリンス『トリノ聖骸布の謎』新井雅代（訳）、白水社、1995年
D・ブーアスティン『幻影の時代――マスコミが製造する事実』後藤和彦・星野郁美（訳）、東京創元社、1964年

五来重『四国遍路の寺（上・下）』角川学芸出版、2009年
G・コンプリ『聖骸布の男——あなたはイエス・キリスト、ですか？』講談社、2007年
四国遍路と世界の巡礼研究会（編）『四国遍路と世界の巡礼』法藏館、2007年
島薗進『スピリチュアリティの興隆——新霊性文化とその周辺』岩波書店、2007年
F・シングル（編）『聖地サンティアゴ巡礼の旅——日の沈む国へ』ぴあ、2008年
鈴木謙介『カーニヴァル化する社会』講談社現代新書、2005年
鈴木謙介『ウェブ社会のゆくえ——〈多孔化〉した現実のなかで』NHKブックス、2013年
鈴木正崇『山と神と人——山岳信仰と修験道の世界』淡交社、1991年
鈴木正崇『神と仏の民俗』吉川弘文館、2001年
鈴木涼太郎「エスニシティと観光」安村克己・堀野正人・遠藤英樹・寺岡伸悟（編）『よくわかる観光社会学』ミネルヴァ書房、2011年
鈴木涼太郎「文化論的転回と日本における観光人類学——観光／文化／人類学のはざまからの視点」『観光学評論』1（2）、2013年
須藤廣『観光化する社会——観光社会学の理論と応用』ナカニシヤ出版、2008年
須藤廣『ツーリズムとポストモダン社会——後期近代における観光の両義性』明石書店、2012年
須藤廣・遠藤英樹『観光社会学——ツーリズム研究の冒険的試み』明石書店、2005年
関一敏『聖母の出現——近代フォーク・カトリシズム考』日本エディタースクール出版部、1993年
関哲行『スペイン巡礼史——「地の果ての聖地」を辿る』講談社現代新書、2006年
高橋典史『移民、宗教、故国——近現代ハワイにおける日系宗教の経験』ハーベスト社、2014年
高橋典史・塚田穂高・岡本亮輔（編）『宗教と社会のフロンティア——宗教社会学からみる現代日本』勁草書房、2012年
竹下節子『聖母マリア——〈異端〉から〈女王〉へ』講談社、1998年
田中雅一「旅が照射する沖縄戦——二つのオキナワ・バトル・サイ

／観光社会学の可能性』NPO法人北海道冒険芸術出版、2013年
岡本亮輔『聖地と祈りの宗教社会学――巡礼ツーリズムが生み出す共同性』春風社、2012年
小田誠太郎「世界遺産「紀伊山地の霊場と参詣道」――その足跡と課題」『ECPR』えひめ地域政策研究センター、2010年
小田島彩子『気づきの旅――スペイン巡礼の道』星雲社、2008年
柿崎俊道『聖地巡礼――アニメ・マンガ12ヶ所めぐり』キルタイムコミュニケーション、2005年
門田岳久『巡礼ツーリズムの民族誌――消費される宗教経験』森話社、2013年
門田岳久・室井康成（編）『〈人〉に向き合う民俗学』森話社、2014年
カトリック中央協議会『カトリック教会現勢2013年１月～12月』2014年
河西瑛里子「イギリスでコンタクト・ゾーンを考える――グラストンベリーにおける文化人類学的調査を事例として」田中雅一・船山徹（編）『コンタクト・ゾーンの人文学　第一巻　問題系』晃洋書房、2011年
木村勝彦「旅と聖なる時間・空間――旅の宗教学的考察に向けて」『長崎国際大学論叢』１、2001年
木村勝彦「長崎におけるカトリック教会巡礼とツーリズム」『長崎国際大学論叢』７、2007年
P・ギアリ『死者と生きる中世――ヨーロッパ封建社会における死生観の変遷』杉崎泰一郎（訳）、白水社、1999年
久米晶文『「異端」の伝道者 酒井勝軍』学研、2012年
藏本龍介「現代上座仏教徒社会の「アラハン」――タイにおける「聖人化」のプロセス」『文化人類学』71（１）、日本文化人類学会、2006年
黒瀬陽平『情報社会の情念――クリエイティブの条件を問う』NHKブックス、2013年
P・コエーリョ『星の巡礼』山川紘矢・山川亜希子（訳）、角川書店、1998年
E・コーエン「観光経験の現象学」遠藤英樹（訳）、『研究季報』９（１）、奈良県立商科大学、1998年
小池靖『テレビ霊能者を斬る――メディアとスピリチュアルの蜜月』ソフトバンク新書、2007年
小松和彦（編）『祭りとイベント』小学館、1997年

参考文献

【邦語文献】
秋山聰『聖遺物崇敬の心性史——西洋中世の聖性と造形』講談社、2009年
浅川泰宏『巡礼の文化人類学的研究——四国遍路の接待文化』古今書院、2008年
天田顕徳「本来の祭りの行方——和歌山県新宮市「お燈祭」に関わる言説の競合をめぐって」由谷裕哉（編）『郷土再考——新たな郷土研究を目指して』角川学芸出版、2012年
J・アーリ『観光のまなざし——現代社会におけるレジャーと旅行』加太宏邦（訳）、法政大学出版局、1995年
J・アーリ『場所を消費する』吉原直樹・大澤善信（監訳）、法政大学出版局、2003年
A・デ・アントーニ「死者へ接続するツアー——現代京都におけるダークツーリズムの再考」『観光学評論』1（1）、観光学術学会、2013年
粟津賢太「ナショナリズムとモニュメンタリズム——英国の戦没記念碑における伝統と記憶」大谷栄一・川又俊則・菊池裕生（編）『構築される信念——宗教社会学のアクチュアリティを求めて』ハーベスト社、2000年
石井研士（編）『渋谷の神々』雄山閣、2013年
板井正斉『ささえあいの神道文化』弘文堂、2011年
伊藤雅之『現代社会とスピリチュアリティ——現代人の宗教意識の社会学的探求』溪水社、2003年
伊藤雅之・樫尾直樹・弓山達也（編）『スピリチュアリティの社会学——現代世界の宗教性の探求』世界思想社、2004年
J・M・インガー『宗教社会学Ⅰ——宗教社会学の方法』金井新二（訳）、ヨルダン社、1989年
B・ウィルソン『宗教の社会学——東洋と西洋を比較して』中野毅・栗原淑江（訳）、法政大学出版局、2002年
宇野常寛『リトル・ピープルの時代』幻冬舎、2012年
遠藤英樹『観光社会学の歩き方』春風社、2007年
大澤真幸『増補 虚構の時代の果て』筑摩書房、2009年
岡本健『n次創作観光——アニメ聖地巡礼／コンテンツツーリズム

岡本亮輔（おかもと・りょうすけ）

1979年，東京都生まれ．立命館大学文学部卒．筑波大学大学院人文社会科学研究科修了．博士（文学）．東京大学死生学・応用倫理センター研究員，北海道大学大学院国際広報メディア・観光学院准教授などを経て，同教授．専攻は宗教学，宗教社会学．フランスと日本をフィールドとした現代宗教論，聖地観光論．
著書『聖地と祈りの宗教社会学』（春風社，2012年，日本宗教学会賞受賞）
『江戸東京の聖地を歩く』（ちくま新書，2017年）
『宗教と日本人』（中公新書，2021年）
共編著『宗教と社会のフロンティア』（勁草書房，2012年）
『聖地巡礼ツーリズム』（弘文堂，2012年）
『フィールドから読み解く観光文化学』（ミネルヴァ書房，2019年，観光学術学会教育・啓蒙著作賞受賞）
『いま私たちをつなぐもの』（弘文堂，2021年，日本観光研究学会観光著作賞受賞）
など
共訳書メレディス・B・マクガイア『宗教社会学』（明石書店，2008年）

定価はカバーに表示してあります．
落丁本・乱丁本はお手数ですが小社販売部宛にお送りください．送料小社負担にてお取り替えいたします．

本書の無断複製（コピー）は著作権法上での例外を除き禁じられています．
また，代行業者等に依頼してスキャンやデジタル化することは，たとえ個人や家庭内の利用を目的とする場合でも著作権法違反です．

聖地巡礼《せいちじゅんれい》
中公新書 2306

2015年2月25日初版
2023年8月25日再版

著　者　岡本亮輔
発行者　安部順一

本文印刷　三晃印刷
カバー印刷　大熊整美堂
製　　本　小泉製本

発行所　中央公論新社
〒100-8152
東京都千代田区大手町 1-7-1
電話　販売 03-5299-1730
　　　編集 03-5299-1830
URL https://www.chuko.co.jp/

©2015 Ryosuke OKAMOTO
Published by CHUOKORON-SHINSHA, INC.
Printed in Japan　ISBN978-4-12-102306-3 C1214

中公新書

宗教・倫理